Sitzungsberichte
der Akademie der Wissenschaften
der DDR
Gesellschaftswissenschaften

Jahrgang 1976 · Nr. 4/G

Neue Entwicklungstendenzen in der heutigen Weltwirtschaft

AKADEMIE-VERLAG · BERLIN
1976

Vorträge und Diskussionsbeiträge
des wissenschaftlichen Kolloquiums
der Klasse Gesellschaftswissenschaften I
der AdW der DDR
vom 19. Dezember 1975

Herausgegeben im Auftrage
des Präsidenten der Akademie
der Wissenschaften der DDR
von Vizepräsident Prof. Dr. Heinrich Scheel

Erschienen im Akademie-Verlag, 108 Berlin, Leipziger Straße 3–4

Lizenznummer: 202 · 100/177/76
Gesamtherstellung: VEB Druckhaus Köthen
Bestellnummer: 753 190 9 (2010/76/4/G) · LSV 0315
Printed in GDR
DDR 7,– M

Inhalt

Gunther Kohlmey

Zu einigen neuen weltwirtschaftlichen Entwicklungen

Menschheitskrise?

Während die Verfasser des ersten Berichts an den Club of Rome[1] bei Annahme eines Weiterlaufens heutiger weltwirtschaftlicher Wachstumsprozesse und bei Vernachlässigung des Faktors *invention* und *innovation* (Erfindung und Neuerung) einen Kollaps der Menschheit für das nächste Jahrhundert voraussagten, kam die Sussex-Gruppe um Cole und Freeman in ihrer 1973 erschienenen Publikation *Thinking about the Future* zu einer optimistischen Aussage.[2] Der Unterschied zwischen beiden (und ähnlichen) Prognosen ist (nicht nur, aber unter anderem) auf drei Faktoren zurückzuführen:

1. Geringfügige Veränderungen der Ausgangsparameter und Restriktionen führen bei längeren Zeiträumen zu außerordentlich starken Unterschieden zwischen den Endwerten. Die Sussex-Gruppe verweist auf Meadows, der selbst gesagt habe, daß gegenwärtig nur 0,1% der Daten zur Verfügung stehen, die für ein zufriedenstellendes Weltmodell für die nächsten 50 bis 100 Jahre vonnöten sind.[3]

2. Die gegebenenfalls vorhandene Unfähigkeit, sicher aber hohe Ungenauigkeit und zum Teil Unmöglichkeit, den wissenschaftlichen und technischen Fortschritt ebenso wie die sozialökonomischen und politischen Veränderungen vorauszuschauen, bringt ganz erhebliche Fehlerquellen und Toleranzen in jede dieser langfristigen Rechnungen ein. Alle Beiträge des *Thinking about the Future* enthalten zwei Grundgedanken der Kritik an den *Grenzen des Wachstums*: Unterschätzung des technologischen Wandels und der wirtschaftlichen und sozialen Anpassungsvorgänge.[4]

3. Wenn die Welt, wie das in der ersten Club of Rome-Studie der Fall war, als eine ungegliederte Einheit angenommen wird, so führt das dazu, die zukünftigen wie auch die bereits gegebenen sozialökonomisch-politischen Unterschiede und auch Gegensätze in der Welt zu ignorieren. Das aber versperrt den Zugang zum Entdecken der Ursachen der sogenannten globalen Weltprobleme.

Zugleich — das ergibt sich daraus — wird der Weg versperrt, den wir gehen müssen, um *differenzierte* wirtschaftliche, sozialökonomische und politische Lösungen auszuarbeiten.

Im zweiten Bericht an den Club of Rome von Mesarovič und Pestel[5] wird das Großsystem Welt (Menschheit) in Subsysteme, in Regionen mit bestimmten Kommunikationen zwischen ihnen eingeteilt. Abgesehen davon, daß die Gliederung in zehn Regionen recht formal ist, bleibt die Studie insgesamt ahistorisch. Das hängt mit der Grundkonzeption der Verfasser zusammen. Sie schreiben:

„Zwei Klüfte, in ständiger Erweiterung begriffen, scheinen die gegenwärtigen Menschheitskrisen zu kennzeichnen: die Kluft zwischen Mensch und Natur und die Kluft zwischen ‚Nord' und ‚Süd', reich und arm. Dem weiteren Auseinanderklaffen muß kräftig entgegengewirkt werden, sollen welterschütternde Katastrophen vermieden werden."[6] Und an anderer Stelle: „Es besteht kein Zweifel darüber, daß der ‚Fortschritt' in unserer Welt die Kluft zwischen den Menschen und der Natur ständig erweitert hat. Hier liegt der wahre Kern unserer gegenwärtigen Weltkrisen."[7]

Welcher Fortschritt? Der soziale in den sozialistischen Ländern? Die Industrialisierung in einigen Entwicklungsländern? Der technische und Produktivitätsfortschritt in den transnationalen Konzernen oder in sozialistischen Kombinaten? Ist etwa die Entwicklungskluft zwischen unterentwickelten und führenden Ländern im kapitalistischen Weltwirtschaftssystem auf „den" technischen Fortschritt zurückzuführen? Ist die Kluft zwischen Mensch und Natur die Ursache der Kluft zwischen „Nord" und „Süd"? Gibt es etwa eine Kluft zwischen „Nord" und „Süd" im sozialistischen Weltsystem?

Offensichtlich ist es also notwendig, die Gegenwart und die nächste Zukunft sorgfältig zu analysieren, um die fernere — wenn auch, nach Generationen gerechnet, gar nicht so ferne — Zukunft der Weltwirtschaft einigermaßen befriedigend beurteilen zu können. Einen Beitrag für diese Analyse zu leisten, ist die Aufgabe, die wir uns mit den heutigen Vorträgen gestellt haben. Das ist gewiß eine bescheidene Aufgabenstellung. Vielleicht kommt sie dem einen oder anderen auch etwas blutarm vor, angesichts der vielen großmäuligen oder auch substantielleren futurologischen Arbeiten über die Menschheitskrisen und die Zukunft der Menschheit, die so in Mode gekommen sind, weil im kapitalistischen Weltsystem allerlei, was bisher funktionierte, nicht mehr funktioniert. Nein, unser Anliegen ist nicht kleinkariert; denn: Um zu einigen Urteilen über die weltwirtschaftliche Entwicklung bis etwa 1990 zu kommen, müssen wir selbstverständlich die in Gang befindlichen langfristigen Entwicklungstendenzen ins Kalkül ziehen.

Ein neuer weltwirtschaftlicher Entwicklungsabschnitt

Ohne in den Kreis der Periodisierungs-Fanatiker gelangen zu wollen, die für alle fünf bis zehn Jahre neue historische Entwicklungsetappen formulieren, bin ich doch der festen Ansicht: Etwa um die Wende der sechziger zu den siebziger Jahren hat ein neuer Abschnitt der weltwirtschaftlichen Nachkriegsentwicklung und überhaupt der weltwirtschaftlichen Entwicklung im 20. Jahrhundert begonnen.

Es gibt drei Hauptmerkmale und Entwicklungstendenzen in diesem neuen Entwicklungsabschnitt:

1. Neue Prozesse der Internationalisierung in der Welt der Produktivkräfte und auch in den nichtproduktiven Bereichen der Weltwirtschaft.

2. Qualitative Veränderungen der Rolle und des Einflusses des Sozialismus in der Weltwirtschaft und in den nichtökonomischen Bereichen der Welt.

3. Neue Entwicklungsprozesse in den Beziehungen zwischen bestimmten Gruppen von Entwicklungsländern und den kapitalistischen Industriestaaten (Krise des Neokolonialismus[8]); damit in Verbindung erhebliche Veränderungen in der Welt der Entwicklungsländer; im Zusammenhang mit all dem strukturelle Krisen und neue Wachstums- wie auch Konkurrenzprozesse in der Welt der führenden kapitalistischen Staaten.

Dimensionen und Strukturen heutiger Produktivkräfte

Als dialektische Materialisten gehen wir bei der Analyse neuer weltwirtschaftlicher Entwicklungstendenzen von den Veränderungen der Produktivkräfte aus. Umgestaltungen der materiell-technischen Bedingungen in den nichtproduktiven Bereichen stehen damit im Zusammenhang. Die Elemente und Aspekte dieser Problematik sind oft genug beschrieben und diskutiert worden; ich darf sie deshalb für unsere Zusammenhänge kurz skizzieren.

Ein Kennzeichen heutiger und morgiger Produktion — einer zunehmend mechanisierten und allmählich auch automatisierten Produktion — ist die verstärkte Integration der Wissenschaft in den gesellschaftlichen Reproduktionsprozeß. Automatisierte Produktionsprozesse leitet der Mensch mittels Steuer- und Regeltechnik. Deren Beherrschung und Anwendung entbindet den Menschen allmählich von Arbeiten im unmittelbaren Fertigungsprozeß. Es verändern sich die Qualifikationsstrukturen der (produktiven und nichtproduktiven) gesellschaftlichen Gesamtarbeit.

Wegen der stets relativ begrenzten Ressourcen an Energie, Rohstoffen, Nahrungs- und Futtermitteln macht das zunehmende Eindringen der Wissenschaft in den Produktionsprozeß einen Ausbau der Substitutionsforschung und die Entwicklung neuer Substitutionstechnologien möglich. Auf der einen Seite entwickelt sich die Substitution in allen Bereichen der Energie, Rohstoffe, Materialien, Nahrungs- und Futtermittel, auf der anderen Seite geht die Substitution im Bereich der verarbeitenden Industrie vor sich; so ist etwa die Einführung von Mikro- und Minitechniken ein ausschlaggebender Faktor, um Material einzusparen.

Die fortschreitende Industrialisierung, Mechanisierung und Automatisierung setzt ganz entschieden die Aufgabe auf die Tagesordnung, das bereits gestörte Gleichgewicht zwischen Mensch und Natur wiederherzustellen. Dabei geht es auch, aber nicht nur um den Umweltschutz.

Im Zusammenhang mit den erwähnten Entwicklungstendenzen nimmt die Bedeutung des sogenannten tertiären Sektors in der Wirtschaft zu. In den Industrieländern wächst er bereits schneller als der primäre und sekundäre Sektor (Industrie und Landwirtschaft). Die produktive und nichtproduktive Infrastruktur muß gesichert und entwickelt werden.

Die zunehmende Mechanisierung der Produktion und auch die bereits in Gang gekommene Automatisierung führen zu verstärkten Konzentrationsprozessen. Mit gewissen Ausnahmen und bei Beachtung der Unterschiede in den einzelnen Produktionsbereichen können wir von einer zunehmenden Tendenz des Anwachsens der Losgrößen sprechen.

Die verstärkte Konzentration wird zwangsläufig durch einen Ausbau der gesellschaftlichen Arbeitsteilung ergänzt. Dazu gehören unter anderem Produktionsspezialisierungen und die Kooperation nach dem Baukastensystem. Konzentration und Arbeitsteilung führen zu neuen Ausmaßen und Formen der Kombination der gesellschaftlichen Arbeit (Kooperationsketten, Kooperationsverbände, Kombinate u. a. m.).

Internationalisierung

Die Ausdehnung der gesellschaftlichen Arbeitsteilung und die zunehmende Spezialisierung/Kooperation zwingen bei den intensivierten Konzentrationsprozessen in der Produktion immer mehr dazu, daß die Reproduktionszyklen die Landesgrenzen überschreiten, daß sie zunehmend internationalisiert werden. Mein sehr verehrter, leider kürzlich verstorbener Kollege I. M. Maergoiz sprach in diesem Zusammenhang von einer Tendenz zur internationalen territorialen Aufgliederung des technologischen Zyklus und von der Entwicklung von Kompensationsströmen zwischen integrierten Ländern, die nicht nur für diese Länder unmittelbar, sondern auch für deren Verbindungen mit Drittländern ausgenutzt werden können.[9] Besonders kleine und mittlere Volkswirtschaften müssen sich, wenn sie effektiv bleiben wollen, zunehmend international verflechten.

Diese Internationalisierung vollzieht sich in der heutigen Weltwirtschaft in kapitalistischen und in sozialistischen Formen — mit allen Unterschieden und Gegensätzen in den Bedingungen, Formen und Wirkungen. Aber wir registrieren auch die zunehmende Internationalisierung zwischen Volkswirtschaften mit unterschiedlichen Gesellschaftsordnungen.

Gewiß sollten wir diese zunehmende internationale Arbeitsteilung, diese zunehmende internationale Vergesellschaftung nicht nur in ihren Quantitäten sehen. Es gibt viele neue qualitative Prozesse. So wird die natürliche internationale Arbeitsteilung immer mehr von einer komplementären überlagert. Ich meine die Spezialisierung und Kooperation zwischen den verarbeitenden Industrien (wie auch anderen produktiven und nichtproduktiven Bereichen) entwickelter Volkswirtschaften. Die internationale Mobilität der Produktivkräfte, der Produktionsfaktoren nimmt zu. Das gilt sowohl für die Arbeitskräfte als auch für die Investitionen. In der Welt des Kapitals beobachten wir den sogenannten brain drain ebenso wie die Einwanderung aus ehemaligen Kolonien oder die Zunahme des Anteils der „Gastarbeiter" an der Zahl der Beschäftigten. Wir kennen außerdem das vorrangige Wachstum des Kapitalexports gegenüber dem Wachstum des internationalen Handels. Natürlich nimmt auch in der sozialistischen Welt, wie das aus den Integrationsprozessen der Mitgliedsländer des RGW bekannt ist, der internationale Einsatz von Arbeitskräften und Investitionsmitteln zu.

Ein damit in Zusammenhang stehender neuer Zug der internationalen Arbeitsteilung ist darin zu sehen, daß sich die internationale Spezialisierung und vor allem die internationale Kooperation ausdehnen. Mit der wachsenden Bedeutung der wissenschaftlichen Arbeit im System der gesellschaftlichen Gesamtarbeit und in Verbindung mit den erwähnten Internationalisierungsprozessen gewinnt der internationale Transfer von Information, von know how, von Technologien, von Wissen überhaupt schnell zu.

Auf dieser Grundlage wächst der internationale Handel schneller als die Produktion, weil er die Aufgabe erhalten hat, die erwähnten Internationalisierungsprozesse im Bereich der Produktion abzuwickeln.

Nicht zuletzt schenken wir den neuen Internationalisierungsprozessen im geistigen Leben unsere besondere Aufmerksamkeit. Um wieviel ist doch in den letzten Jahren und Jahrzehnten die Zahl internationaler wissenschaftlicher Institutionen und Konferenzen gewachsen! Überall registrieren wir die schnelle Zunahme der internationalen Information. Ebenso sei auf die Internationalisierung in der Konsumsphäre aufmerksam gemacht: verstärkter internationaler Austausch von Konsumgütern, Zunahme des Tourismus u. a. m.

Wenn allen diesen Entwicklungstendenzen der modernen Produktivkräfte und auch in den nichtproduktiven Bereichen der Gesellschaft, wenn vor allem den notwendigen Internationalisierungen des gesellschaftlichen Lebens zum Nutzen aller Völker freier Raum gewährt werden soll, brauchen wir gesellschaftliche Verhältnisse als Entwicklungsformen der modernen Produktivkräfte, die auf den Grundlagen der Gleichberechtigung, des Friedens und der Planmäßigkeit beruhen. Natürlich ist das letzten Endes nur durch den Sozialismus zu sichern, doch können und dürfen wir nicht warten, bis der Sozialismus in vielen Ländern gesiegt hat. Deshalb läuft die Politik der Sowjetunion, der mit ihr zusammenarbeitenden sozialistischen Länder, der internationalen Arbeiterbewegung und der antiimperialistischen revolutionären und demokratischen Strömungen darauf hinaus, schon unter den heutigen Bedingungen ein möglichst hohes Maß an Gleichberechtigung, an Frieden und Sicherheit in den internationalen Wirtschaftsbeziehungen zu sichern. Das geschieht durch die Erfolge der sozialistischen Politik der friedlichen Koexistenz. Sie hat ihre objektiven Grundlagen in den erwähnten Internationalisierungsprozessen. Das Abschlußdokument von Helsinki bringt diese Einheit von notwendigen wirtschaftlichen Internationalisierungsmaßnahmen und Politik der Sicherheit zum Ausdruck. Nur auf der Grundlage von Rüstungsbegrenzung, Sicherheit, Frieden und Gleichberechtigung können die notwendige Ausdehnung des Handels zwischen „Ost“ und „West“ sowie die wirtschaftliche Zusammenarbeit zwischen Staaten unterschiedlicher Gesellschaftsordnung auf anderen Gebieten ausgebaut und stabilisiert werden.

Immer mehr geraten die imperialistischen Produktions- und übrigen gesellschaftlichen Verhältnisse in Widerspruch zu den erwähnten Internationalisierungsvorgängen. Das imperialistische System befindet sich nicht in Übereinstimmung mit den Entwicklungstendenzen der modernen Produktivkräfte; es findet vielmehr eine Konfrontation dieser Internationalisierungstendenz mit den überlebten imperialistischen Verhältnissen statt. Bei aller Anpassung der heutigen kapitalistischen Produktionsverhältnisse an die neuen Produktivitätsaufgaben kann der Imperialismus weder eine allgemeine und einigermaßen gleichmäßige internationale Verteilung von Wissen und Produktion gewährleisten, noch enthält er die Möglichkeit, gleichberechtigt und planmäßig international zum Wohle aller Völker zusammenzuarbeiten. Die Unruhe und die vielen Krisenerscheinungen in der heutigen kapitalistischen Weltwirtschaft sind ebenso ein Ausdruck dieser Konfrontation, wie die zunehmend scharfen Widersprüche zwischen größeren Gruppen von Entwicklungsländern und den führenden kapitalistischen Staaten.

Gerade aus dieser Konfrontation von imperialistischen Verhältnissen und modernen internationalen Produktivitätsanforderungen sind die meisten der globalen, universellen Weltprobleme entstanden. Nicht alle, aber doch viele Marxisten sprechen mit Recht, wie mir scheint, von globalen, universellen Weltproblemen.[10] Diese sind global, weil sie uns alle berühren und angehen. Aber sie sind keineswegs alle global in ihren Ursachen. Deshalb, so meine ich, ist es Unfug, von einer allgemeinen Menschheitskrise zu reden. Es gibt dringend zu lösende Aufgaben der Menschheit, aber die Krise ist kapitalistischer Natur. Statt des von einigen als möglich angenommenen Kollaps der Menschheit im nächsten Jahrhundert wird es nicht nur viel technischen Fortschritt bei der Wiederherstellung des Gleichgewichts zwischen Mensch und Natur, sondern vor allem einen Kollaps des Imperialismus geben (müssen). Natürlich kann ich die sogenannten globalen Probleme bündeln, aber doch stellen sie keine Einheit dar. Sie sind nicht homogen, sondern in Ursachen, Ausmaßen und Wirkungen durchaus unterschieden. Dabei sollten wir gewiß auch bedenken, daß der scharfe Kampf, den der Imperialismus gegen den Sozialismus führt, zu so ungeheuren Rüstungsbelastungen führt und wesentlich dazu beiträgt, daß in den sozialistischen Ländern bestimmten Proportionalitätserfordernissen zwischen Industrie und Landwirtschaft, zwischen Wirtschaft und Umwelt nur allmählich entsprochen werden kann.

Welches sind die wichtigsten der globalen Probleme? Auch darüber ist viel diskutiert und geschrieben worden. Ich darf deshalb wiederum nur knapp skizzieren:

1. Die Gefahr einer imperialistischen atomaren Globalaggression, die Realität vieler imperialistischer (oder nationalistischer) Einzelangriffe, die schnell globalen (universellen) Charakter annehmen können und die sich daraus ergebende ungeheure Last der Rüstungsleistungen und -ausgaben, einschließlich ihrer Folgen für weitere Ungleichgewichte im Verhältnis zwischen Mensch und Natur.

2. Hunger, Krankheit und Unbildung in riesigen Gebieten und bei Hunderten von Millionen Menschen im kapitalistischen Weltwirtschaftsbereich.

3. Zurückbleiben der Substitutionsforschung und der Substitution von Technologien hinter den wissenschaftlich-technischen Möglichkeiten; dies gilt für die Gebiete der Ernährung und Futtermittel, der Energie und Rohstoffe ebenso wie für die verarbeitende Industrie (Elektromobil, Minitechnik usw.). Dringend ist auch die gemeinsame Bekämpfung von Krankheiten.

4. Umfangreiche Störungen des Gleichgewichts zwischen Mensch und Natur (einschließlich Umwelt).

5. Unzureichender (einseitiger, ungleichmäßiger, unvollständiger) internationaler Transfer von Wissen und Information, know how und Technologien.

6. Disproportionen, Disharmonien und Konflikte bei der Urbanisierung, im Städte- und Wohnungsbau, im Verkehrswesen.

Immer notwendiger wird eine weltweite und gleichberechtigte Zusammenarbeit, um diese globalen Aufgaben allmählich zu lösen. Die Mitgliedsländer des RGW haben begonnen, die entstandenen wirtschaftlichen und sozialen Aufgaben mittels der Wirtschaftsintegration zu lösen. Aber die globalen Probleme sprengen mehr und mehr den engen Rahmen der einzelnen Staaten und auch der Regionen und sozialökonomischen Gruppierungen. Das ist eine der objektiven Grundlagen der sozialistischen Politik der friedlichen Koexistenz. Denken wir nur an Aufgaben wie das Reinhalten der Flüsse, der Ostsee und der Ozeane wie auch an die vielen Aspekte der Meeresforschung (im Meer, auf dem Meeresboden, unter diesem Boden; Gewinnung von Futter- und Nahrungsmitteln wie auch von Rohstoffen; Entsalzung, Energiegewinnung usw.). Oder ein anderes Problem: Wenn es gelingen sollte, die Kernfusion technisch zu bewältigen, kann wahrscheinlich ein Kraftwerk den größten Teil Europas versorgen. Max Steenbeck hat vor vielen Jahren darauf hingewiesen, daß neue gesellschaftliche, politische Verhältnisse notwendig sind, um diese Möglichkeit wirklich werden zu lassen.

Ein anderes Beispiel ist die Kosmosforschung in ihrer Bedeutung für Information, geologische Erkundungen und Erforschung des Weltraums. Hinzufügen möchte ich, daß die Entwicklung der Landwirtschaft im Interesse der Ernährung der Menschheit ebenfalls nicht nur Angelegenheit der einzelnen Staaten sein kann. P. M. Marstrand und K. L. R. Pavitt wenden sich in *Thinking about the Future* gegen „das Verfahren, einen Weltdurchschnitt am noch vorhandenen anbaufähigen Land zu nehmen ..., wobei die technisch mögliche Steigerung der landwirtschaftlichen Erzeugung pro Einheit eingesetzter Produktionsmittel beträchtlich unterschätzt wird. Der Grund liegt darin, daß das Verfahren implizite unterstellt, daß Entscheidungen über landwirtschaftliche Investitionen auch künftig auf der Ebene nationaler Gebietskörperschaften gefällt werden, wobei jede hauptsächlich innerhalb der eigenen nationalen Grenzen investiert."[11]

Entsprechend der im allgemeinen richtigen, oft genug aber zu Polemik herausfordernden Konzeption der Sussex-Gruppe, den sozialökonomischen Entwicklungsfaktoren und Entscheidungskriterien das erforderliche spezifische Gewicht zu verleihen, kommen Marstrand und Pavitt zu folgendem Schluß:

„Ein Problem ist die geopolitische Verteilung des anbaufähigen Lands in der Welt. Im Weltmaßstab gesehen, würde es den größten Nutzen bringen, die Nahrungsmittelerzeugung in Nordamerika, Rußland und Lateinamerika zu steigern, wo es einen großen Überschuß an Ackerland gibt und die Bodenerträge immer noch relativ niedrig liegen. Auf diese Weise regelte das dichtbesiedelte Europa im 19. Jahrhundert seine Ernährungsprobleme, bis neu entwickelte Techniken dazu beitrugen, daß es in der Nahrungsmittelerzeugung relativ autonomer wurde."[12]

Mir scheint, daß Chr. Saunders auf einem internationalen Symposium in Wien im Jahr 1975 wesentlich ergänzt hat:

„Ich finde, wir sollten über das zukünftige Profil der Landwirtschaft Europas nachdenken. Und das nicht nur unter dem Gesichtspunkt der regionalen Bedürfnisse, sondern auch im Zusammenhang mit der künftigen Ernährungslage in der Welt insgesamt. Europa verfügt über eine Landwirtschaft, die eine der effektivsten in der Welt ist."[13, 14]

Wenn wir diese und andere Aufgaben lösen wollen, brauchen wir eine internationale Zusammenarbeit, auch über die einzelnen sozialökonomischen Gruppierungen hinaus. Eben deshalb sprechen wir von globalen, universellen Problemen und Aufgaben.

Aus ethischen, wirtschaftlichen und politischen Gründen können die sozialistischen Länder nicht Zuschauer sein, wenn in der kapitalistischen Welt Hunderte von Millionen Menschen an Hunger, Krankheit und Unbildung leiden. Diese Leiden sind eine Gefahr für die gesamte Menschheit, sie können Quelle schwerer, schädlicher politischer Konflikte werden.

Soviel zu neuen Dimensionen und Strukturen der Produktivkräfte.

Sozialistische Anteile an der Weltwirtschaft

Ich komme nun zu einem zweiten Grundzug des neuen weltwirtschaftlichen Entwicklungsabschnitts, dem wachsenden Einfluß des Sozialismus in der Welt, wozu auf wirtschaftlichem Gebiet die ökonomische Integration der ML/RGW gehört. Ich werde hierzu nur einige kurze und ausgewählte Ausführungen machen. Über weitere Probleme wird im Referat von W. Kunz die Rede sein.

Drei Aufgaben der RGW-Staaten stehen für die nächsten 10, 20 Jahre im Vordergrund:

- Weiterer Ausbau der sozialistischen Politik der friedlichen Koexistenz: Sicherheit, Rüstungsbegrenzung, Unterstützung der antiimperialistischen Bewegungen, Ausbau der Beziehungen zu EL und KIL.*
- Die weitere quantitative und qualitative Erhöhung des Anteils des Wissenschafts- und Produktionspotentials der ML/RGW am Weltpotential, vor allem durch die Intensivierung der Wirtschaft.

---

* Nachweis der verwendeten Abkürzungen S. 42

– Vertiefung der wirtschaftlichen, politischen und kulturellen Zusammenarbeit der RGW-Staaten, wobei, als Grundlage, die Integration der beteiligten Volkswirtschaften entwickelt wird.

Tab. 1 bringt eine Übersicht über den zunehmenden Anteil der Industrieproduktion der ML/RGW an der Weltindustrieproduktion von 1958 bis 1973. In diesem Zeitraum ist die Weltindustrieproduktion um rund 177% angestiegen, während die entsprechende Produktion der europäischen RGW-Länder um 279,5% zugenommen hat. Wenn wir (wirklich ganz grob) annehmen, daß der Anteil der Mitgliedsländer des RGW an der Weltindustrieproduktion im Jahre 1958 bei ungefähr 22% lag, so ergibt sich, daß der Anteil 1973 ungefähr 30% betragen hat.[15] Wenn wir, was einigermaßen real ist, annehmen, daß diese Wachstumsdifferenzen auch in den nächsten Jahren ungefähr beibehalten bleiben, so ergibt sich für 1990 etwa ein Anteil von gut 40%, und es ist anzunehmen, daß um die Jahrhundertwende der Anteil der heutigen ML/RGW an der Weltindustrieproduktion bei rund 50% liegen dürfte.

Tabelle 1
Die Entwicklung der Weltindustrieproduktion 1958–1973
(1970 = 100)

Jahr	Industrie insgesamt				Extraktive Industrie[a]				Verarbeitende Industrie[a]			
	A	B	C	D	A	B	C	D	A	B	C	D
1970: Anteil in %	100,0	100,0	100,0	100,0	7,4	7,9	4,9	23,0	86,8	89,2	88,0	71,1
1958	44	34	49	42	54	44	73	34	44	34	47	46
1963	63	55	67	60	69	65	83	56	62	54	66	63
1969	96	92	98	93	94	93	97	92	96	92	98	93
1971	104	109	102	107	104	107	100	105	104	109	102	107
1973	122	129	119	127	115	120	104	125	123	130	119	126

[a] Die Differenz der Summe: extraktive + verarbeitende Industrie zu 100,0 entfällt auf den Anteil der Erzeugung von Elektrizität, Gas und Wasser.

A = Welt
B = Europäische RGW-Länder
C = Kapitalistische Industriestaaten
D = Entwicklungsländer

Quelle: UN, Monthly Bulletin of Statistics, Febr. 1975, S. XII ff.

Niedriger sind die Anteile der ML/RGW an der Weltgetreide- und Weltfleischproduktion. Wir können sie für 1970 auf etwa 20% schätzen.[16] Auch der *Zuwachs* der landwirtschaftlichen Anteilsziffern war geringer als der der industriellen: beim Getreide und beim Fleisch von rund 17 auf 20% von 1951/55 bis 1966/70. Demnach könnte man für 1990 mit einem Anteil von rund ein Viertel rechnen.

Noch geringer ist, wie Tab. 2 zeigt, der Anteil der sozialistischen Staaten und dabei der RGW-Länder am Welthandel. Das hat verschiedene Gründe. Einer der wichtigsten ist darin zu sehen, daß mit China und der UdSSR zwei sehr große Staaten (mit einem folglich geringen Anteil **des** Außenhandels am Nationaleinkommen) zu den SL gehören. Wegen der im wesentlichen stabilen Preise im Außenhandel *zwischen* den sozialistischen Ländern (dabei auch den RGW-Ländern) und wegen der Inflation der kapitalistischen Weltmarktpreise ist, zu laufenden Preisen, der Anteil der sozialistischen Staaten am Welthandel seit 1968 zurückgegangen: von 11,1% im Jahr 1963 über 10,7% 1967 auf 9,2% im Jahre 1973 und 7,7% im Jahre 1974 (vgl. Tab. 2). Während die Außenhandelspreise im Intra-RGW-Handel von 1969 bis 1974 jährlich vielleicht um 1% angezogen haben könnten, hatten wir im kapitalistischen internationalen Handel Preissteigerungsraten von rund 3% im Jahre 1969 bis rund 9% im Jahre 1972. Und dann folgen Galoppsprünge: $21^1/_2$% 1973 und 39% 1974.[17]

Ich habe versucht, die Entwicklung des Anteils der ML/RGW am *Volumen* des Welthandels zu schätzen (vgl. wiederum Tab. 2). Dabei wurden die Exporte der EL und KIL mit dem UNO-Preisindex für Exporte deflationiert; für die Ausfuhren der ML/RGW in das NSW wurden, was real sein dürfte, Preissteigerungsraten *unter* dem Niveau der Zunahme des UNO-Index angenommen und für die Intra-RGW-Exporte, wie schon bemerkt, etwa 1% jährliche Preissteigerung. Dann erhält man einen konstanten Anteil der ML/RGW am Volumen der Weltexporte für 1969/71 und eine Zunahme des Anteils in den Jahren 1972/74. (Der hohe Anteil 1973 ist wohl nicht nur auf zu große Toleranzen in unseren Annahmen zurückzuführen, sondern auch auf ungenügendes Ausnutzen der kapitalistischen Konjunktur und Inflation in der Exportpreispolitik der Außenhandelsunternehmen der ML/RGW).

Wenn wir in unseren Wirtschaftsbeziehungen zum nichtsozialistischen Wirtschaftsgebiet an Importpreise und Kredite denken, so ist natürlich klar, daß die Berechnung des Anteils der sozialistischen Länder am Welthandel zu laufenden Preisen durchaus praktische Bedeutung hat: Wir müssen durch die Erhöhung der Exportpreise in unserem Handel mit dem nichtsozialistischen Wirtschaftsgebiet die teurer gewordenen Importe bezahlen und auch Kredite und Zinsen zurückzahlen. Um die Produktions- und Exportkraft der sozialistischen Länder zu ermitteln, ist die Volumenberechnung sinnvoll; allerdings mit der schon

Tabelle 2
Die Entwicklung der Weltexporte und der Anteile der sozialistischen Staaten 1956/60—1974
(in Mrd. US-Dollar bzw. in Prozent)

Bereich	1956/60 Ø	1961/65 Ø	1966/70 Ø	1968	1969	1970	1971	1972	1973	1974
Weltexporte Mrd. US-Dollar (abgerundet)	113 000	160 000	250 000	240 000	275 000	300 000	350 000	415 000	575 000	850 000
Weltexporte 1974 in v. H. 1963 zu lfd. Preisen										452
Jährl. Preissteigerungsrate der NSW-Exporte				—0,9	2,9	5,6	5,3	9,2	21,5	39,2
Weltexporte 1974 in v. H. 1963 (Volumen)										252
Anteil SL (lfd. Preise)	11,1	11,9	11,1	11,3	10,9	10,6	10,3	10,4	10,1	8,4
Anteil ML/RGW (lfd. Preise)	9,4	10,8	10,2	10,4	10,1	9,8	9,6	9,6	9,2	7,7
Anteil ML/RGW (Volumen, Schätzg.)				10,4	10,2	10,2	10,2	10,9	12,2	11,7

Quelle: UN, Monthly Bulletin of Statistics sowie Berechnungen und Schätzungen des Verf.

erwähnten wichtigen Einschränkung, daß die Zunahme des Anteils am Volumen auch auf schlechter Preisbildung beruhen kann.

In dem Maße, in dem die ML/RGW ab 1.1.1975 in ihrem Intra-Handel schrittweise die veränderten Relationen der Exportpreise für Rohstoffe und Fertigwaren auf den nichtsozialistischen internationalen Märkten übernehmen und die Preise für Rohstoffe, aber auch eine Reihe von Fertigwarenpreisen (allerdings nicht so stark) ansteigen werden, wird die Differenz zwischen dem Anteil der ML/RGW am Volumen des Welthandels und am Welthandel zu laufenden Preisen wieder geringer werden.

Wenn der Anteil der ML/RGW am Volumen der Weltausfuhren im Jahre 1960 10,1% und im Jahre 1974 11,7% betrug, und wenn wir, was wiederum real sein könnte, diese Entwicklungstendenz fortschreiben, so kommen wir für das Jahr 1990 auf einen ungefähren Anteil der RGW-Staaten am Volumen der Weltexporte von nicht mehr als 14%.

Der Anteil der RGW-Länder an den Einfuhren und Ausfuhren der kapitalistischen Industriestaaten und der Entwicklungsländer hat sich von 1955 bis 1974 nach der UN-Statistik wie folgt entwickelt (Anteil in Prozent der Gesamteinfuhren und Gesamtausfuhren der erwähnten sozialökonomischen Gruppen):

Jahr	Einfuhren der KIL	Einfuhren der EL	Ausfuhren der KIL	Ausfuhren der EL
1955	2,46	1,64	1,97	1,75
1970	3,24	6,74	3,13	4,89
1974	3,46	5,30	4,15	3,15

Diese Zahlen sind anhand von Tab. 3 ermittelt worden.

Ebenfalls aus Tab. 3 ergibt sich, daß die Exporte im Intrahandel des NSW von 1970 bis 1974 (zu laufenden Preisen) um 261% gestiegen sind, während die Exporte dieses Wirtschaftsgebiets in die ML/RGW in diesem Zeitraum um rund 210% zugenommen haben. Das Wachstum war hier also langsamer. Vergleichen wir aber das Jahr 1974 mit dem Jahr 1972, so ergibt sich, daß die Exporte des NSW in die Länder dieses Bereichs um 106,7% zugenommen haben, während die NSW-Ausfuhren in die ML/RGW eine Zuwachsrate von 112,6% aufweisen. Aus Tab. 4 kann abgelesen werden, daß der gesamte Umsatz im „Ost-West"-Handel (zwischen NSW und ML/RGW) im Jahre 1955 = 4,3% und 1974 = 8,1% der inneren Außenhandelsumsätze des NSW ausmachte. Das ist zwar fast eine Verdopplung, aber doch ist der Anteil noch gering.

Tabelle 3
Der Anteil der RGW-Länder an den Einfuhren und Ausfuhren der kapitalistischen Industriestaaten und der Entwicklungsländer 1955–1974
(Mio US-Dollar; fob; lfd. Preise)

Export nach von	Jahr	Welt	RGW- Länder	Kap. Ind'- staaten	Entw'- länder
Welt	1955	93 540	7 320	60 960	23 140
RGW-Länder		7 910	4 750	1 500	380
Kap. Ind'staaten		60 480	1 190	42 150	16 730
Entw'länder		23 730	415	17 100	5 790
Welt	1960	127 870	12 910	82 790	29 180
RGW-Länder		12 970	8 080	2 520	880
Kap. Ind'staaten		85 440	2 520	60 200	21 800
Entw'länder		27 390	950	19 780	6 100
Welt	1965	186 400	19 030	126 530	37 850
RGW-Länder		19 710	12 460	4 110	2 360
Kap. Ind'staaten		128 180	4 080	95 740	26 990
Entw'länder		36 430	1 880	26 110	7 650
Welt	1970	311 310	28 540	219 650	58 320
RGW-Länder		30 520	13 390	7 120	3 930
Kap. Ind'staaten		223 990	7 000	171 630	42 510
Entw'länder		54 430	2 660	40 170	10 740
Welt	1974	847 640	64 380	596 810	171 850
RGW-Länder		65 140	33 300	20 640	9 110
Kap. Ind'staaten		544 600	22 580	399 790	113 630
Entw'länder		231 950	7 310	173 680	47 050

Quelle: UN, Monthly Bulletin of Statistics

In Anbetracht der Wachstumsprobleme und Krisenerscheinungen der kapitalistischen Weltwirtschaft und, auf der anderen Seite, der stabilen Wirtschaftsentwicklung der RGW-Staaten können wir annehmen, daß der „Ost-West"-Handel auch in den nächsten Jahren etwas schneller zunehmen könnte als der Handel innerhalb der kapitalistischen Weltwirtschaft. Voraussetzung ist allerdings auch hier wieder, daß die Entspannung gesichert wird und keine besonders harten politischen Komplikationen eintreten.

Bei dieser Annahme könnten wir uns denken, daß der Anteil der RGW-Länder an den Einfuhren der kapitalistischen Industriestaaten von 3,46% im Jahre 1974 auf ungefähr $4^1/_2$% im Jahre 1985 ansteigen könnte. Die entspre-

Tabelle 4
Die Zunahme des Außenhandelsumsatzes innerhalb des NSW **und** im Handel ML/RGW – NSW 1955–1974
(Mio US-Dollar bzw. Prozent)

Gebiet	1955	1960		1965	
	absolut	absolut	1960 : 1955 in Prozent	absolut	1965 : 1960 in Prozent
Weltexporte	93 540	127 870	136,7	186 400	145,8
Außenhandelsumsatz innerhalb des NSW	81 770	107 880	131,9	156 490	145,1
Außenhandelsumsatz ML/RGW – NSW	3 485	6 870	197,1	12 430	180,9
Umsatz ML/RGW – NSW in Prozent der Umsätze innerhalb des NSW	4,3	6,4		7,9	

Gebiet	1970		1972		1974	
	absolut	1970 : 1965 in Prozent	absolut	1972 : 1970 in Prozent	absolut	1974 : 1972 in Prozent
Weltexporte	311 310	167,0	415 650	133,5	847 640	203,9
Außenhandelsumsatz innerhalb des NSW	265 050	169,4	355 160	134,0	734 150	206,7
Außenhandelsumsatz ML/RGW – NSW	20 710	166,6	28 310	136,7	59 640	210,7
Umsatz ML/RGW – NSW in Prozent der Umsätze innerhalb des NSW	7,8		8,0		8,1	

Quelle: UN, Monthly Bulletin of Statistics und Berechnungen des Verf.

chenden Ziffern für die Entwicklungsländer sind für 1974 5,3% und könnten für 1975 7 bis 8% sein. Für den angegebenen Zeitraum könnte sich der Anteil der RGW-Länder an den Ausfuhren der kapitalistischen Industriestaaten von 4,15 auf 5 oder $5^1/_2$% erhöhen, während bei den Entwicklungsländern ein Anstieg von 3,15 (bzw. 4,89 im Jahre 1970) auf gut 6% im Jahre 1985 angenommen werden kann.

Wir sehen also: Der Anteil der RGW-Staaten an der Weltindustrie- und Weltagrarproduktion war und ist bedeutend höher als der Anteil am Welthandel und dabei auch an den Exporten und Importen der Entwicklungsländer. In den nächsten 10 bis 20 Jahren wird sich daran grundlegend nichts ändern. Daraus würde ich drei Schlußfolgerungen ableiten:

1. In weiter auszubauender Abstimmung sollten sich die RGW-Länder, wie bisher schon, in ihren internationalen Wirtschaftsbeziehungen mit dem nichtsozialistischen Wirtschaftsgebiet, dabei auch mit Entwicklungsländern, auf ausgewählte Staaten und Wirtschaftssektoren konzentrieren.

2. Viel mehr Möglichkeiten als auf den Gebieten des Handels und der Kredite haben die RGW-Länder bei der Zusammenarbeit mit interessierten Entwicklungsländern auf den Gebieten der Industrie- und Agrarproduktion, der Wissenschaft, der Planung, Leitung und Statistik, des Management in nationalisierten Betrieben sowie schließlich im gesamten Bildungs-, Sozial- und Gesundheitswesen.

3. Mindestens ebenso wichtig wie der Ausbau der Wirtschaftsbeziehungen mit Entwicklungsländern ist die Vervollkommnung der sozialistischen Gesellschaft als Beispiel und Orientierung für die revolutionären Kräfte in den Entwicklungsländern und in den entwickelten kapitalistischen Staaten. Hierzu heißt es im neuen Programm der SED:

„Ziel des Imperialismus bleibt es vor allem, seine Positionen zu bewahren und zu erweitern, die sozialistische Ordnung zu untergraben und zu vernichten. Die allseitige Stärkung des Sozialismus, die entschlossene Verteidigung seiner Errungenschaften und unverminderte Wachsamkeit sind daher Grundgebote aller revolutionären Kräfte. Dadurch wird zugleich dem Kampf um Frieden, Demokratie und sozialen Fortschritt in der ganzen Welt, der auch in Zukunft große Anstrengungen verlangt, ein gewaltiger Dienst geleistet.“[18]

Neue Strukturkrise des imperialistischen Systems

Ein drittes Hauptmerkmal des neuen weltwirtschaftlichen Entwicklungsabschnittes würde ich in der System- oder Strukturkrise des imperialistischen Weltwirtschaftssystems sehen. Es ist dies, im Rahmen der allgemeinen Krise, seine dritte Strukturkrise. Die erste trat nach dem ersten Weltkrieg ein, vor allem ausgelöst durch die Oktoberrevolution. Es war zugleich eine Krise des alten imperialistischen Kolonialsystems. Die zweite Strukturkrise ereignete sich nach dem zweiten Weltkrieg, mit dem Entstehen des sozialistischen Weltsystems und dem endgültigen Zerfall des alten imperialistischen Kolonialsystems. Beiden Krisen gingen Weltkriege voraus. Es ist ein Zeichen des gründlich veränderten Kräfteverhältnisses in der Welt, daß gegenwärtig der Imperialismus ohne einen vorhergegangenen Weltkrieg in seine dritte Struktur- oder Systemkrise eingetreten ist.

Es sind vor allem die folgenden Hauptmerkmale, die meiner Meinung nach diese neue Etappe der allgemeinen Krise kennzeichnen:

Es gibt weitere Verschiebungen im Kräfteverhältnis von Sozialismus und Imperialismus. Diese kommen vor allem in den Niederlagen oder in Verhinderungen imperialistischer Aggressionen zum Ausdruck (Vietnam!), in den veränderten Mehrheitsverhältnissen in der UNO, in weiteren Erfolgen der sozialistischen Politik der friedlichen Koexistenz, nicht zuletzt im gesamten europäischen Vertragswerk Anfang der siebziger Jahre und im Abschluß der Konferenz für Sicherheit und Zusammenarbeit in Europa.

Auf dem Untergrund und vor dem Hintergrund des wachsenden Einflusses des Sozialismus haben Veränderungen im Kräfteverhältnis zwischen großen Teilen der Entwicklungsländer und den kapitalistischen Industrieländern begonnen. Dabei kommt es zum Teil zu Konfrontationen.

Die Zeit der *völlig eindeutigen* Vorherrschaft des USA-Imperialismus im kapitalistischen Weltwirtschaftssystem der Nachkriegszeit ist vorüber. Mit Japan, den westeuropäischen Industriestaaten und einigen Entwicklungsländern mit bereits starker Industrie (Mexiko, Brasilien u. a.) bilden sich neue Konkurrenzverhältnisse aus, wird es neue Kämpfe um die Aufteilung der Weltmärkte und Einflußsphären geben.

Aus den erwähnten Entwicklungsprozessen ergibt sich ein ganzer Komplex von Krisenerscheinungen der imperialistischen Weltwirtschaft: Währungskrise — das von den USA beherrschte System von Bretton Woods ist mit den Veränderungen in den internationalen Konkurrenz- und Machtstrukturen zusammengebrochen —, Inflation, verlangsamtes Wirtschaftswachstum, zunehmende politische und soziale Konflikte in den kapitalistischen Ländern wie auch zunehmende politische und militärische Teilkonflikte im gesamten Bereich der kapitalistischen Weltwirtschaft.

Schließlich wäre auch auf zunehmende politische, sozialökonomische, wirtschaftliche und andere Differenzierungen innerhalb der Gruppe der Entwicklungsländer aufmerksam zu machen.

In Abstimmung mit dem Referat von J. Kuczynski sollen im folgenden nur einige wenige Zusammenhänge erörtert werden.

Der internationale imperialistische Ausbeutungsmechanismus

Durch die (von O. Reinhold so benannte) Krise des Neokolonialismus sind bemerkenswerte Veränderungen im internationalen kapitalistischen Reproduktionsprozeß im Gange. (Dieser umfaßt sowohl die KIL als auch die überwiegende Mehrheit der EL.) Es nehmen die Reduzierungen und Bruchstellen im internationalen Exploitationsprozeß zu. Dieser internationale imperialistische Ausbeutungsmechanismus enthält drei Hauptelemente:

1. Die Ausbeutung der billigen Arbeitskraft der Entwicklungsländer durch das Großkapital. Hier wäre vierfach zu untergliedern:

– der sogenannte *brain drain*;[19]

– die sonstige ständige Einwanderung (von Algeriern nach Frankreich, von Lateinamerikanern in die USA, von Einwohnern des ehemaligen Commonwealth nach Großbritannien usw.);[20]

– die Beschäftigung von „Gastarbeitern";[21]

– die Ausnutzung der unterschiedlichen Differenzen zwischen Produktivität und Reallohn in den EL auf der einen und in den KIL auf der anderen Seite durch das Großkapital, besonders durch die transnationalen Konzerne.

Eine kurze Erläuterung zu diesem letzten Punkt: Gemäß wiederholten internationalen Berechnungen verhalten sich die Reallöhne der Beschäftigten in Betrieben der multinationalen und anderen Konzerne, die sich in einer Reihe von Entwicklungsländern befinden, zu den entsprechenden Löhnen in den führenden kapitalistischen Staaten wie 1 : 15 bis 1 : 20. Viel geringer aber sind die Unterschiede in der Arbeitsproduktivität, vielleicht von 1 : 1,5 bis 1 : 5. Die Differenz ist Quelle für Mehrwert, für Extraprofit. Dieser wird, auf den verschiedensten Wegen, in die führenden kapitalistischen Länder umverteilt.

2. Ein anderes wichtiges Element des internationalen kapitalistischen Exploitationsprozesses ist die Ausnutzung der bisher billigen natürlichen Ressourcen in den EL durch das internationale Kapital. Es wurde auf diese Art das betrieben, was Marx die „Ökonomie bei der Anwendung des konstanten Kapitals" genannt hat. Das konstante zirkulierende Kapital wird auf diese Art in den entwickelten kapitalistischen Wirtschaften bedeutend verbilligt. Das ist eine weitere Quelle für Zuwachs von Nationaleinkommen in den KIL mittels internationaler Ausbeutung. Außerdem wurden dadurch bekanntlich bestimmte Substitutionsforschungen und Entwicklungen von Substitutionstechnologien in den KIL vernachlässigt, zum Beispiel auf dem Gebiet der Energiewirtschaft.

3. Durch Raubbau, Vernachlässigung des Umweltschutzes und auf anderen Wegen sind vom internationalen Kapital wichtige Ressourcen in den Entwicklungsländern vernichtet worden. Das bedeutet Verminderung des Nationalreich-

tums in den EL; es wurde Nationalreichtum in die KIL transferiert und dort in zusätzliches Nationaleinkommen verwandelt.

Das alles ist ein dreifacher *drain*: ein *brain drain*, ein *profit drain* und ein *wealth drain*.

Diese (von mir wirklich nicht mehr als angedeuteten) Vorgänge der internationalen kapitalistischen Ausbeutung sind Formen der Entfremdung, der entfremdeten Arbeit in der Welt des Kapitals. Für sie gilt, was Marx in den „Theorien über den Mehrwert" schrieb: Das Wesen der kapitalistischen Produktion oder der Lohnarbeit bestehe in „der sich selbst entfremdeten Arbeit, der der von ihr geschaffne Reichtum als fremder Reichtum, ihre eigne Produktivkraft als Produktivkraft ihres Produkts, ihre Bereicherung als Selbstverarmung, ihre gesellschaftliche Macht als Macht der Gesellschaft über sie gegenübertritt".[22]

Auf diese internationale kapitalistische Ausbeutung kann, wenn wir verallgemeinern, auch der folgende Satz Lenins angewandt werden:

„Die fluchwürdige Geschichte der Selbstherrschaft hat uns eine sehr große *Entfremdung* der Arbeiterklasse der von dieser Selbstherrschaft unterdrückten verschiedenen Völkerschaften als Erbe hinterlassen."[23]

Der Abzug von Nationalreichtum und Nationaleinkommen aus den EL, anders ausgedrückt: die internationale Ausplünderung ist die Hauptursache der meisten globalen Weltprobleme. In ihren Ursachen und in ihren Wirkungen spiegeln die meisten dieser globalen Probleme die Internationalisierung des Gegensatzes von Lohnarbeit und Kapital wider. Das bedeutet aber nicht nur Entfremdung, sondern zugleich Annäherung der Völker und verstärkte Entwicklung der internationalen Arbeiterklasse und der internationalen Arbeiterbewegung. Ich möchte noch einmal Lenin zitieren:

„Aber die Entwicklung des internationalen Austauschs und der Produktion für den Weltmarkt hat eine so enge Verbindung zwischen allen Völkern der zivilisierten Welt geschaffen, daß die moderne Arbeiterbewegung international werden mußte und seit langem international geworden ist."[24]

In der neuen weltwirtschaftlichen Entwicklungsphase gibt es neue Aufgaben für die internationale Arbeiterbewegung, die revolutionäre Bewegung insgesamt, für die Gewerkschaften und alle demokratischen Kräfte. Dazu gehören ganz besonders Organisationen und einheitliche Aktionen der Arbeiter in allen von den „Multis" geleiteten oder stark beeinflußten Unternehmen und Sektoren. Dazu gehören der Aufbau von Organisationen und die Einleitung von Aktionen der ländlichen Bevölkerung in den EL, also der (ganz unterentwickelten) Mehrheit der dortigen Bevölkerung. Auch stärkere Abstimmungen der Organisationen der Arbeiter in den EWG-Ländern sind in den Auseinandersetzungen mit kapitalistischen Regierungen, Unternehmerverbänden und den EWG-Instanzen notwendig.

Bei allen Problemen der Unterentwicklung und der internationalen Ausbeutung handelt es sich nicht „um ein Naturgeschenk, sondern um ein Ergebnis der Geschichte“, erklärte auf einem internationalen Symposium der Internationalen Arbeitsorganisation (ILO) der Präsident des Symposiums, A. Tévoédjrè. „Die bisher in Gang befindliche Ordnung“, sagte er, „benötigt für ihr Funktionieren und für ihr Überleben ein altes Regime der Vorherrschaft, das die grundlegende Antinomie zwischen Kolonisierten und Kolonisatoren aufrechterhält und die Entfremdung der großen Mehrheit verschleiert.“[25] Tévoédjrè und andere demokratisch orientierte Teilnehmer des Symposiums verlangten aus nicht unbedingt revolutionärer, aber doch allgemein humanistischer Einstellung, daß Organisationen der Arbeiter und Bauern in den Entwicklungsländern zu schaffen oder zu fördern seien, die an neuen sozialen Strukturen in den EL und an neuen Strukturen in den internationalen Wirtschaftsbeziehungen mitwirken sollten.

Diese Erkenntnisse und Forderungen sind Schlußfolgerungen aus den verschiedenen Resolutionen der UNO über eine Neugestaltung der internationalen Wirtschaftsbeziehungen. So wurde auf der VI. Sondertagung der UN-Vollversammlung im Jahre 1974 ebenfalls (wenn auch, vor allem infolge Intervention führender westlicher Mächte, nicht immer präzis) erklärt, daß es sich gegenwärtig nicht um eine allgemeine Menschheitskrise, sondern um strukturelle Krisen der bisherigen Entwicklung des Kapitalismus handele:

„Unter der gegenwärtig existierenden internationalen Wirtschaftsordnung hat es sich nicht als möglich erwiesen, eine gleichmäßige und ausgeglichene Entwicklung der internationalen Gemeinschaft zu erreichen. In einem System, das zu einer Zeit entstand, als die meisten Entwicklungsländer noch nicht einmal als unabhängige Staaten existierten, und das die Ungleichheit fortbestehen läßt, wird die Kluft zwischen den entwickelten Ländern und den Entwicklungsländern immer breiter.

Die gegenwärtige internationale Wirtschaftsordnung steht in direktem Widerspruch zur heutigen Entwicklung in den internationalen politischen und ökonomischen Beziehungen.“[26]

Es ist völlig unmöglich, den heutigen Kapitalismus nur anhand der Volkswirtschaften der KIL zu begreifen: Der kapitalistische Reproduktionsprozeß ist stark internationalisiert; mit ihm ist die Internationalisierung des Gegensatzes von Kapital und Arbeit und damit der Aneignung von Mehrwert verbunden. Zum internationalen kapitalistischen Reproduktionszyklus gehören sowohl die KIL als auch große Teile der EL. Der kapitalistische Produktionsprozeß ist eine internationale antagonistische Einheit. Nur so können wir den Mechanismus des heutigen kapitalistischen Weltwirtschaftssystems verstehen. Nur unter Berücksichtigung dieser internationalen Zusammenhänge läßt sich auch der Mechanismus: Profit — Preis — Lohn — Investitionen — Kosum in den KIL einwandfrei beschreiben.

Gegenaktionen der Entwicklungsländer

Im neuen Zeitabschnitt der weltwirtschaftlichen Nachkriegsentwicklung setzen sich nun mehr und mehr Entwicklungsländer (unterschiedliche soziale Gruppen in ihnen) gegen den internationalen imperialistischen Ausbeutungsmechanismus zur Wehr. Allerdings tun sie das, wenn ich vereinfachen darf, in zwei sehr unterschiedlichen Gruppierungen. Die eine Gruppe von Ländern geht den Weg der kapitalistischen Entwicklung und des kapitalistischen Konkurrenzkampfes mit den führenden imperialistischen Kräften. Hierzu gehören gerade die industriell bereits entwickelten Länder wie zum Beispiel Brasilien, Argentinien und Mexiko, aber auch andere. Eine andere Gruppe von Entwicklungsländern geht den Weg des antiimperialistischen Befreiungskampfes.

Allerdings sollten wir bedenken, daß nicht nur diese zweite Gruppe, sondern auch fast alle Länder der ersten Gruppe nach der Eroberung ihrer zumindest formalen politischen Selbständigkeit nun die wirtschaftliche Selbständigkeit anstreben. Diese gemeinsamen Interessen daran, den imperialistischen, neokolonialistischen Ausbeutungsmechanismus zu verändern oder auch abzuschaffen und um wirtschaftliche Selbständigkeit zu kämpfen, verbindet die „Gruppe der 77", zu der jetzt rund 110 Länder gehören. Diese haben im einzelnen sehr unterschiedliche Interessen, und es ist ganz offensichtlich, daß der Differenzierungsprozeß innerhalb der Gruppe der Entwicklungsländer im neuen weltwirtschaftlichen Entwicklungsabschnitt schnell zunehmen wird. Da wäre einmal die sozialökonomische und politische Differenzierung in die bereits erwähnten zwei Gruppen; aber es gibt auch andere Unterschiede und Gegensätze, etwa in der Außenpolitik oder in der Ressourcenausstattung, oder in der Zahlungsbilanzsituation (Erdölexporteure, Getreideimporteure usw.). Von großer Bedeutung wird — und das hängt nicht zwangsläufig mit der erwähnten politisch-sozialökonomischen Differenzierung zusammen — die sich entwickelnde Kluft zwischen wirtschaftlich einigermaßen entwickelten und sich industrialisierenden EL auf der einen Seite und den *least developed countries*, den am wenigsten entwickelten Ländern, auf der anderen Seite.

In dem Maße, in dem sich in diesem Differenzierungsprozeß verschiedene Widersprüche ballen, besteht sicher nach wie vor die Gefahr, daß es auch zu politischen und militärischen Konflikten zwischen einzelnen Entwicklungsländern kommen kann.

Und doch überwiegen gegenwärtig die gemeinsamen Interessen. Ausdruck dieses gemeinsamen Widerstands gegen den Neokolonialismus und Mechanismus des internationalen kapitalistischen Reproduktionsprozesses sind die UN-Resolutionen der letzten Jahre über die ökonomischen Rechte und Pflichten der Staaten wie auch für die Schaffung einer neuen Ordnung der internationalen Wirtschaftsbeziehungen. So wie sich der Kampf gegen den Neokolonialismus nur vor dem Hintergrund der erstarkenden sozialistischen Welt vollziehen konnte, so finden die Bestrebungen der progressiven EL auch die Unterstützung der ML/RGW. Das gilt nicht nur für die UN-Resolutionen, das gilt ebenso für die praktischen, alltäglichen Wirtschafts- und anderen Beziehungen zwischen EL und ML/RGW.

Deshalb ist es für die sozialistischen Länder und für alle Marxisten gegenwärtig eine besonders dringliche Aufgabe, eine sozialistische, eine marxistische Konzeption des allmählichen Übergangs zu einer neuen Weltwirtschaftsordnung auszuarbeiten — der möglichen Ziele und Wege. Wir können hier nicht bei allgemeiner Zustimmung oder auch Reserviertheit hängenbleiben. Der Fortgang der internationalen Ereignisse verlangt Stellungnahmen und Maßnahmen.

Für viele Entwicklungsländer steht der Gesichtspunkt der Kapitalbildung für die eigene wirtschaftliche Entwicklung bei der Erörterung praktischer Schritte, um zu einer neuen Weltwirtschaftsordnung zu gelangen, im Vordergrund. Das kam auch auf der VII. Sondertagung der UN-Vollversammlung im September 1975 zum Ausdruck. Aber natürlich genügen Preiserhöhungen und Kredite nicht, um eine neue Weltwirtschaftsordnung durchzusetzen und die Lage in den EL zu verändern. Entscheidend ist ja, was mit der Kapitalbildung geschieht, von wem man das Kapital erhält, welchen Einfluß der Kreditgeber bei der Kapitalvergabe ausüben will, wie die Kapitalvergabe eine komplexe innere wirtschaftliche Entwicklung bei sozialer Gerechtigkeit gewährleisten kann. Deshalb ist Bedingung und Folge einer neuen Weltwirtschaftsordnung eine produktivitätswirksame und sozial gerechte Distributionspolitik in den in Frage kommenden Entwicklungsländern. Produktivitätswirksame und sozial gerechte Veränderungen der Distribution sind sowohl im Innern der Länder der kapitalistischen Welt als auch in den internationalen Beziehungen vonnöten. Das ist eine Kardinalfrage einer neuen Weltwirtschaftsordnung. Dabei ist veränderte Distributionspolitik Ausdruck veränderter gesellschaftlicher Strukturen.

Neue Relationen der Weltmarktpreise

Eine der Formen der Kapitalbildung für die Entwicklungsländer — für die antiimperialistischen ebenso wie für die, die einen kapitalistischen Weg gehen — ist die der Veränderung der Weltmarktpreisrelationen zwischen Rohstoffen und Fertigwaren zugunsten der Rohstoffe. In den letzten Jahren waren wir Zeugen spektakulärer Veränderungen. Sie sind einmalig in der Geschichte der internationalen kapitalistischen Wirtschaftsbeziehungen. Deshalb müssen wir sie gründlich analysieren, müssen wir über die Ursachen und Folgen dieser Verschiebungen nachdenken.

In *Tab. 5* sind die Veränderungen der Relationen Rohstoffpreise : Fertigwarenpreise auf den kapitalistischen Märkten von 1950 bis 1975 wiedergegeben. Wir sehen, daß von den fünfziger Jahren an bis 1972 die Fertigwarenpreise schneller als die Rohstoffpreise gestiegen sind. 1973 wird eine Relation wie zur Zeit des Koreakrieges erreicht. 1974 wird die Relation überschritten.

In der kapitalistischen Wirtschaftspresse und -literatur wird die Erhöhung der Rohstoffpreise als inflationär bezeichnet, unmittelbar mit der Inflation gekoppelt und auch als eine der Ursachen der Inflation bezeichnet. Das ist absurd, das ist Geschichtsfälschung. Gewiß war die in den starken kapitalistischen Ländern herbeigeführte Inflation eines der auslösenden Momente, einer der Anlässe, um die Rohstoffpreise zu erhöhen. Aber die Inflation war nicht die allein ausschlaggebende Ursache. Auch nicht die internationale kapitalistische Währungskrise. Sie war ebenfalls nur ein Auslöser. Und schon gar nicht war der Anstieg der Rohstoffpreise die Ursache der Inflation, hatte diese doch viel früher eingesetzt. Eine Hauptursache der Verschiebungen in den Weltmarktpreisstrukturen ist der Kampf der Entwicklungsländer um wirtschaftliche Unabhängigkeit.

Ein Anlaß, ein auslösendes Moment für die Erhöhung der Rohstoffpreise war auch die Hochkonjunktur in den kapitalistischen Industrieländern 1973/74. Aber auch sie war nicht die einzige oder wichtigste Ursache der weltweiten Erhöhung der Rohstoffpreise. Ebenso waren es nicht die „Erdölscheichs", ganz abgesehen davon, daß gerade bei den erdölexportierenden Ländern die weiter oben bereits erwähnten zwei Gruppierungen des Sich-zur-Wehr-Setzens gegen den imperialistischen Ausbeutungsmechanismus deutlich zu erkennen sind. Hinzu kommt, daß, wie aus *Tab. 6* abzulesen ist, infolge der kapitalistischen Konjunktur und auch aus anderen Gründen bereits vor den Erdölpreisen die Preise für Zucker, Fleisch, Häute/Felle, Holz, Eisen/Stahl und NE-Metalle Spitzenreiter im Preisrennen waren.

Ein weiterer Umstand sollte beachtet werden. Wir dürfen eine Erhöhung der Rohstoffpreise nicht immer und nicht ausschließlich als Nachteil des internationalen Monopolkapitals ansehen. Es sind größere Nachteile für die Nettoimporteure von Energieträgern, Rohstoffen, Materialien und Nahrungsmitteln unter den Entwicklungsländern, besonders den ganz schwach entwickelten. Es sind auch Nachteile für die verarbeitende Industrie in der Welt, aber es sind erstens Vorteile für das internationale Kapital, das an den Exportproduktionen der EL beteiligt ist und zweitens Vorteile für die Rohstoffexporteure der KIL. Da die

Tabelle 5
UN-Indizes der Exportpreise des NSW 1950–1975
(US-Dollar: 1963 = 100)

Jahr	Rohstoffe (SITC, 0–4) (1)	Fertigwaren (SITC, 5–8) (2)	(1) : (2) (3)
1950	104	79	132
1951	127	94	135
1952	110	96	115
1951–1955[a]	112	93	120
1956–1960	104	97	107
1961–1965	100	101	100
1966–1970	103	109	94
1971	115	124	93
1972	130	134	97
1973	188	156	121
1974[b]	295	186	159
IV 1973	221	166	133
I 1974	289	169	171
II 1974	292	188	155
III 1974	295	195	151
IV 1974	303	204	149
I 1975	294	218	135
II 1975	287	220[c]	130
III 1975	297[c]	.	.
IV 1975	.	.	.

[a] Die Jahresdurchschnitte 1951–1955 wurden aus den Zahlen des UN-Index 1953 = 100 und 1958 = 100 auf die Basis 1963 = 100 umgerechnet, wobei evtl. Korrekturen in der Gewichtung nicht berücksichtigt werden konnten.

[b] Ab 1974 wurde in der UN-Statistik der Preisindex für Industrieerzeugnisse auf die Basis 1970 = 100 umgestellt, so daß die Daten auf die vergleichbare Basis 1963 = 100 umgerechnet werden mußten.

[c] Vorläufig.

Quelle: UN, Monthly Bulletin of Statistics.

verarbeitende Industrie in diesen Ländern oft, in Konzernen, mit der Rohstoffproduktion verflochten ist, bleibt die Profitgewinnung hoch und wird nur umstrukturiert; über inflationäre Preissteigerungen werden höhere Kosten abgewälzt.

Tabelle 6
Rohstoffexportpreise der nichtsozialistischen Länder (HWWA-Index: 1951/56 = 100)

	1969	1972	1973	1974			1975			
				Mai	Dez.	Ø	Juni	Okt.	Dez.[1]	Ø[1]
Nahrungs- und Futtermittel	**90,2**	**114,6**	**170,4**	**258,1**	**321,5**	**273,5**	**194,8**	**204,3**	**196,7**	**225,3**
Getreide	83,6	92,3	159,8	219,8	226,9	217,3	170,6	192,3	180,0	·
Genußmittel/ Zucker	83,8	117,6	158,6	283,7	429,1	323,6	192,7	208,1	199,3	·
Ölsaaten/Öle	95,9	95,5	180,9	287,7	257,9	283,2	169,2	168,7	157,0	·
Fleisch	114,2	163,5	221,7	228,9	210,6	218,9	261,0	227,7	241,6	·
Industrierohstoffe	**102,7**	**120,6**	**181,8**	**339,7**	**302,8**	**311,1**	**296,6**	**286,6**	**300,0**	**294,6**
Kohle und Koks	115,7	195,4	254,2	396,6	434,5	382,4	394,2	389,4	366,8	·
Erdöl und Derivate	92,2	116,5	140,5	485,9	485,6	451,0	484,1	482,2	516,9	·
Spinnstoffe	83,4	111,9	193,8	173,3	128,9	169,4	141,8	150,1	161,8	·
Häute und Felle	96,7	147,1	227,2	182,7	92,5	159,6	166,7	161,0	159,4	·
Holz	117,0	139,0	247,8	357,4	326,0	336,4	320,0	262,9	284,2	·
Kautschuk	84,8	56,6	114,7	134,1	93,9	121,6	98,5	98,1	106,2	·
Eisen und Stahl	98,9	102,7	199,8	323,6	265,2	299,0	230,3	177,7	180,3	·
NE-Metalle	155,1	136,9	213,4	368,6	210,2	284,5	195,0	185,4	180,3	·
Gesamt-Index	**98,5**	**118,7**	**178,1**	**313,1**	**308,9**	**298,8**	**263,5**	**259,8**	**266,3**	**272,1**

[1] Vorläufige Angaben

Es wird oft übersehen, daß die KIL, außer bei Brennstoffen, bedeutend größere Rohstoffexporteure sind als die EL. Ich darf auf *Tab.* 7 verweisen.

Seit Mitte des Jahres 1973 sind, mit Schwankungen, die Energie- und Rohstoffpreise, ebenso wie die Nahrungsmittelpreise, auf den kapitalistischen Weltmärkten im Durchschnitt leicht rückläufig. Mit der weiteren Belebung der kapitalistischen Konjunktur könnte diese Rückläufigkeit zum Stillstand kommen. Dabei und darüber hinaus wird es nicht nur zu Schwankungen, sondern auch zu differenzierten Entwicklungen der Preise für einzelne Nahrungsmittel, Primärenergieträger, Rohstoffe und Materialien kommen. Und immer muß man bedenken, daß die Preise dieser Waren — es sind Börsenpreise — stark der Spekulation unterliegen. So wurde für die Londoner Börse ein Anteil spekulativer Preisschwankungen an den Gesamtumsätzen der Börse auf 15 bis 30% geschätzt. Sehr deutlich zu beobachten waren in den letzten zwei Jahren die spekulativen Einflüsse an der Zuckerbörse.

Meiner Meinung nach können wir die Veränderung der Relationen Rohstoffpreise : Fertigwarenpreise zugunsten der ersteren auf den kapitalistischen Weltmärkten (und auch im Handel zwischen den ML/RGW) keineswegs allein oder in erster Linie mit steigenden Kosten erklären, nach dem Motto: Die Produktion von Energie und Rohstoffen wird immer teurer. Am offensichtlichsten ist die große Differenz zwischen Erdölexportpreisen und Gewinnungskosten in den Erdölländern des Nahen Ostens. Hier liegen die Kosten weit niedriger als in den USA (nicht nur in Alaska) und in der UdSSR. Allerdings macht sich gegenwärtig, regional und auch von Warenposition zu Warenposition unterschiedlich, die Tendenz steigender Marginalkosten der Erkundung, Erschließung und Produktion bemerkbar.

Deshalb kann es auch aus diesem Grunde, zusätzlich zu dem der Kapitalgewinnung in den Entwicklungsländern, zu einem Druck auf weiteres Hochhalten der Rohstoffpreise kommen. Ferner müßten wir berücksichtigen, daß das zu erwartende leichte Anwachsen der Industrieproduktion in den KIL und die zunehmende Industrialisierung in den sozialistischen Ländern wie auch in den Entwicklungsländern zu Anspannungen im Verhältnis Energie- und Rohstoffproduktion : verarbeitende Industrie führen wird. Hinzu kommen weiteranhaltende Spannungen im Verhältnis Bevölkerungswachstum : Agrarproduktion. (Selbst wenn alle Staaten und Regierungen die Dramatik des Welternährungsproblems erkennen und entsprechende Maßnahmen ergreifen, werden Verbesserungen nur langfristig zu erwarten sein.)

Für mich aber bleibt die Hauptursache der Strukturveränderungen im Bereich der Weltmarktpreise das Bedürfnis und der Zwang für die Entwicklungsländer, Kapital für die eigene Entwicklung zu akkumulieren. Sie versuchen, einen bestimmten Teil dieser Akkumulationsmittel über die Veränderungen

Tabelle 7
Regionale Strukturen der Weltrohstoffexporte 1960 und 1972
(Mio US-Dollar und Anteile in Prozent zu laufenden Weltmarktpreisen)

Jahr und Region	Nahrungs- und Genußmittel		Mineralische Rohstoffe		Brennstoffe		Roh- u. Brennstoffe insgesamt	
	absolut	Anteil	absolut	Anteil	absolut	Anteil	absolut	Anteil
1960:								
KIL	11 820	53,1	11 260	52,8	3 370	26,6	26 450	47,0
EL	8 070	36,4	7 640	35,8	7 650	60,5	23 360	41,5
SL	2 370	10,6	2 420	11,4	1 639	12,9	6 420	11,5
Welt	22 260	100,0	21 320	100,0	12 650	100,0	56 230	100,0
1972:								
KIL	34 030	62,6	23 010	59,1	10 200	24,8	67 240	50,0
EL	15 670	28,9	11 660	29,9	27 010	65,5	54 340	40,4
SL	4 610	8,5	4 270	11,0	4 010	9,7	12 890	9,6
Welt	54 310	100,0	38 940	100,0	41 220	100,0	134 470	100,0

Quelle: Vom Verf. berechnet nach: UN, Monthly Bulletin of Statistics, März 1966, S. XVI (für 1960) und September 1974, S. XVIII–XXIV (für 1972) ihrer *terms of trade* zu erlangen. Die verstärkten politischen und wirtschaftlichen Positionen der sozialistischen und der Entwicklungsländer in der Welt werden dies in einem erheblichen Umfang möglich machen. Das ist neu. Das ist ein spezifisches Merkmal der neuen weltwirtschaftlichen Entwicklungsetappe.

Kommende Preisrelationen

Wenn wir uns unter dem Gesichtspunkt dieser Argumentation *Tabelle 5* ansehen, so könnte ich vielleicht Zustimmung finden, wenn ich annehme, daß die Relation zwischen Rohstoffpreisen und Fertigwarenpreisen auf *allen* Weltmärkten, wie wir sie 1961–1965 und 1966–1970 hatten (ebenso 1971 und 1972) in den nächsten Jahren auf keinen Fall wiederkehren wird. Ich halte es aber auch für ausgeschlossen, daß der Höhepunkt, den wir im ersten Quartal 1974 mit einem Koeffizienten von 171 erreicht hatten, bestehenbleiben oder bald wiederkehren wird. Auch der Durchschnittswert von 1974 dürfte nicht Bestand haben. Eine Prospektierung ist natürlich schwer, aber vielleicht können wir einen Koeffizienten wie den des Jahres 1973, also etwa 120, für die nächste Zeit annehmen — bei vielen Schwankungen und Differenzierungen im einzelnen.

Sowohl in den kapitalistischen Industriestaaten als auch in den sozialistischen Ländern hat eine verstärkte Substitutionsforschung auf dem Gebiet der Primärenergieträger und der Rohstoffe eingesetzt. Außerdem sind Erkundung und Erschließung der Energie- und Rohstoffquellen auf oder dicht unter der Oberfläche der Erde keineswegs abgeschlossen. Durch Forschungen und Entwicklung neuer Technologien werden Energie und Rohstoffe in den Weltmeeren und unter dem Meeresboden, im Erdinnern und im Weltenraum zusätzlich und dann sicher dominierend erschlossen. Es wird dann meiner Meinung nach in einer langen Welle wieder veränderte Relationen zwischen Rohstoff- und Fertigwarenpreisen (zugunsten der letzteren) geben. Es gibt kein ökonomisches oder anderes Gesetz ständig steigender Rohstoffpreise und -kosten. Malthus war nicht im Recht und ist nicht im Recht. Druck- und Engpaßperioden im Bereich der Produktivkräfte beeinflussen das menschliche Schöpfertum, zwingen zu neuen Forschungen und Technologien. Die historischen Entwicklungsgesetze lehren, daß es in solchen Situationen immer Lösungen gibt, sie stellen sich überraschend, ganz unerwartet ein. Der wissenschaftliche und technische Fortschritt entwickelt sich ungleichmäßig.

H. S. D. Cole schreibt hierzu in der bereits erwähnten und zitierten Sussex-Studie: „Historisch gesehen sind die realen Kosten für Rohstoffe auf dem Markt nicht allgemein gestiegen, sondern eher ungefähr konstant geblieben.

Dieser Punkt ist ebenso wenig umstritten wie das Argument, daß die Preisstabilität das Ergebnis zweier gegenläufiger Trends ist: einmal zu niedrigeren Preisen (durch technologische Verbesserungen) und andererseits zu Preissteigerungen (durch die Erschließung schwerer zugänglicher Vorkommen)."[27] Und er fährt fort: „Einer der Hauptgründe für den ‚Zusammenbruch' (bei Meadows — G. K.) ist die Erschöpfung der natürlichen Rohstoffreserven. Entscheidend dafür ist die Annahme nur begrenzt zur Verfügung stehender Ressourcen und die Annahme abnehmenden Grenzertrags in der Rohstofftechnologie. Keine dieser Annahmen ist historisch bewiesen."[28]

Ähnlich äußern sich A. J. Surrey und A. J. Bromley zu Kosten und Preisen für Energie:

„Die Gefahr einer *materiellen* Energieknappheit scheint gering. Die Befürchtung, daß die Energieversorgung einen immer größeren Anteil der realen Ressourcen beansprucht, wie Meadows behauptet, läßt sich nur rechtfertigen, wenn man die Möglichkeiten weiteren technischen Fortschritts, verbesserter Brennstoffqualität und neuer Energiequellen außer acht läßt." Das schließe, meinen die Verfasser, vorübergehende Schwierigkeiten von begrenztem Ausmaß unter bestimmten Bedingungen keineswegs aus.[29]

Kein goldenes Zeitalter

Die Krise des Neokolonialismus und die strukturellen Veränderungen im internationalen imperialistischen Ausbeutungsmechanismus zeigen, daß es kein *Golden Age* des kapitalistischen Wirtschaftswachstums gibt. Allerdings waren die fünfziger und sechziger Jahre in der kapitalistischen Weltwirtschaft gleichsam goldene Jahre im Vergleich zur jetzigen Situation. Und in Anbetracht der dargelegten strukturellen Krisenprozesse werden diese goldenen Jahre auch nicht wiederkehren. Es ist anzunehmen, daß das wirtschaftliche Wachstum in der kapitalistischen Welt in den nächsten 20 Jahren geringer sein wird als in den vergangenen 20 Jahren. Auf mehrere Gründe wurde hingewiesen. In Anbetracht aber der zunehmenden Investitionsanforderungen, die, von der Rüstung ganz abgesehen, Städtebau, Verkehrswesen, Umweltschutz, Meeres- und Kosmosforschung usw. stellen, in Anbetracht ferner der verschärften Konkurrenz zwischen den führenden imperialistischen Mächten und schließlich des sich zuspitzenden Gegensatzes zwischen Gruppen von Entwicklungsländern und dem internationalen Kapital wird es im Innern der kapitalistischen Länder und zwischen ihnen zu politischen und sozialen Konflikten kommen.

Die Diskussion um das goldene Zeitalter des Wirtschaftswachstums im Kapitalismus ist ja sehr alt.

Wir feiern gerade gegenwärtig mit verschiedenen Publikationen und auf verschiedenen internationalen Symposien den 200. Jahrestag des Erscheinens von Adam Smith' „Reichtum der Nationen". Adam Smith versuchte, eine harmonische und intakte Welt der kapitalistischen Entwicklung bei freier Konkurrenz darzustellen, wenn er auch Widersprüche und Konflikte im einzelnen nicht ausschloß. Er beschrieb auch eine Welt des ständigen wirtschaftlichen Wachstums. Es scheint, als habe er geglaubt, ein Perpetuum mobile des wirtschaftlichen Wachstums im Kapitalismus gefunden zu haben, wenn er auch auf diesem Gebiet Widersprüche und Konflikte im einzelnen nicht bestritt.

Schon Ricardo kritisierte diesen Entwurf einer heilen Welt. (Vgl. Ricardos Theorie von der fallenden Profitrate und seine Konzeption vom Preis — Profit — Lohn-Mechanismus.) Und dann folgte Marx.

Aus dem Kapitalismus der freien Konkurrenz wurde der Monopolkapitalismus. Marx und Engels hatten erklärt, was an Smith' harmonischer Welt der Freiheit und der Konkurrenz nicht stimmte, daß und wie das Gesetz der Konzentration und Zentralisation des Kapitals wirkt.

Neue Konflikte brachte der staatsmonopolistische Kapitalismus. Das ist alles bekannt. Ich will nur Michael Kalecki zitieren, der schrieb:

„Die Tragödie der Investitionen besteht darin, daß sie Krisen verursachen, weil sie nützlich sind. Zweifellos werden dies viele Leute als paradox ansehen. Aber nicht die Theorie ist paradox, vielmehr ihr Gegenstand: die kapitalistische Wirtschaft."[30]

Ich darf auch an Joan Robinsons Bemerkungen über die *capitalist rules of the game*, die kapitalistischen Spielregeln erinnern, die zu Abweichungen vom *Golden Age* des Wachstums führen und Depression, Arbeitslosigkeit und chronische Stagnation oder, als Alternative, kumulative Inflation als Folgen haben.[31]

Vergeblich hat J. Keynes versucht, auch für diese Bedingungen des Spätkapitalismus Gleichgewichtssituationen zu formulieren. Was die internationalen Wirtschaftsbeziehungen in seinem System anbelangt, so stoßen wir hier zumindest auf zwei Fehler. Erstens nahm Keynes eine Exportoffensive (Multiplikatorprinzip) als einen der Wege zur Herstellung des wirtschaftlichen Gleichgewichts an. Zweitens ist für ihn die Weltwirtschaft ein exogener Faktor der kapitalistischen Volkswirtschaft; aber in der Tat ist die kapitalistische Weltwirtschaft eine Einheit, gibt es einen einheitlichen internationalen Reproduktionsprozeß. Ihm entspringen, wie wir gesehen haben, die vielen neuen Konflikte.

Für einige Leute der kapitalistischen Theorie und Praxis schien das wirtschaftliche Wachstum in der westlichen Welt in den fünfziger und sechziger Jahren noch einmal eine Art Smithschen goldenen Zeitalters der Harmonie und des Gleichgewichts wie auch des Funktionierens einer sozialen Marktwirtschaft mit einem Perpetuum mobile des wirtschaftlichen Wachstums zu sein. Wir wissen, daß die entsprechenden Theorien alles andere als beeindruckend waren. Es gab nicht nur Warnungen und Kritik der Marxisten. Es ist eines der wenigen Verdienste der ersten Club of Rome-Studie, darauf aufmerksam gemacht zu haben, daß das kapitalistische Wirtschaftswachstum der fünfziger und sechziger Jahre in der Tat ein Schritt innerhalb eines Teufelskreises war. Es wird aber keine Lösung angeboten.

Krise der kapitalistischen Wirtschaftstheorie

Völlig zu Recht fällt Gerhard Kade sein scharfes Urteil über die gesamte Hilflosigkeit der Ökonomie des Spätkapitalismus:

„Stellt man die Club of Rome-Studie in diesen Zusammenhang, so bricht die Objektivitätsprätention und das gesellschaftliche Computer-Prestige zusammen; was bleibt, ist eine Begleitmusik für die Vereinnahmung der Öffentlichkeit für eine neue grandiose Möglichkeit der Stabilisierung kapitalistischer Produktionsverhältnisse, die überdies den Vorzug hat, nicht mit dem Makel gesellschaftlicher Vergeudung behaftet zu sein, wie etwa der militärisch-industrielle Komplex.“[32]

„Das konjunkturpolitische Regulierungsinstrumentarium, das als Reaktion auf die Weltwirtschaftskrise eingesetzt wurde, die Kombination privatwirtschaftlicher (Vergeudung und geplante Obsoleszenz) und staatlich organisierter Verwertungsbedingungen (Rüstung, Neo-Imperialismus etc.) haben — und das ist die eigentliche ‚Botschaft‘ der Katastrophenliteratur — zum Raubbau geführt, der — und das wird dezent verschwiegen — in der Organisation der kapitalistischen Produktionsweise angelegt ist. Die Weltuntergangs-Prognosen sind deshalb auch gar nicht auf ihre Treffsicherheit zu befragen, sondern auf ihre Fähigkeit, die erkennbaren ‚Schranken‘ der kapitalistischen Produktion bis auf weiteres hinauszuschieben. Ein großer Teil der immanenten Kritik hilft deshalb zur Stabilisierung dieser Forschungsperspektive.“[33]

Nein, der Kapitalismus ist schon längst keine heile Welt mehr. Und in struktureller Krise befindet sich auch seine ökonomische Theorie. Es ist auffallend, daß sich die Entstehung und Ausarbeitung der klassischen bürgerlichen Ökonomie in den mehr als hundert Jahren, die dafür benötigt wurden, unter der eindeutigen Vorherrschaft einer einheitlichen Philosophie und Weltanschauung vollzogen hat, mit der einheitlichen (wenn im einzelnen auch variationsreichen) Lehre vom *ordre naturel.* Diese Einheitlichkeit geht schon nach der Entstehung des Marxismus im 19. Jahrhundert verloren. Aber es gibt noch die großen und über einige Jahrzehnte wirkenden Schulen, allerdings schon nebeneinander und in Konkurrenz, etwa Historische Schule und Grenznutzenlehre. Mit dem Imperialismus geht auch diese noch relativ heile Welt in die Brüche. Eine Schule löst schnell die andere ab, keine dominiert über einen längeren Zeitraum. Die kapitalistische Theorie ist von großer Nervosität und Unruhe gepackt. Die Ursache ist einfach: Der Konflikt zwischen Produktivkräften und imperialistischen Produktionsverhältnissen wie auch imperialistischem Überbau hat sich über Jahrzehnte zugespitzt. Und demgegenüber die machtvolle Entwicklung des Sozialismus. Da müssen die bürgerlich-kapitalistischen Theorien in immer neuen Varianten predigen, daß nur der Kapitalismus, daß nur die kapitalistische Marktwirtschaft effektiv sei. Um hier, als ein neues Beispiel, Recktenwald aus seiner „Würdigung" des Werkes von Adam Smith zu zitieren:

„Denn Lohn, Rente und Gewinn sind der Preis für die Nutzung der drei Produktionsfaktoren ... Die Theorie des Gleichgewichtspreises ist bis heute das *Kernstück* der Lehre von der Marktwirtschaft geblieben ... Trotz einzelner Schwächen hat dieser klassische Preismechanismus in seiner logischen Geschlossenheit und ‚Schönheit' nichts von seiner Faszination verloren. Wer ihn nicht studiert oder verstanden hat, kann sich vom Wesen und der Leistung einer freiheitlichen Wirtschaftsordnung, die sich selbst, in Grenzen, über den Markt steuert, weder ein Bild machen, noch darüber ein Urteil fällen. Zudem gibt es bis heute *keine Alternative*, die das Problem der Effizienz und Verteilung in Theorie und Praxis besser lösen kann."[34]

Natürlich gibt es nicht nur die Nervosität und antisozialistische Aggressivität der Apologetik, es gibt ebenso die Unruhe des Suchens nach Alternativen zum Spätkapitalismus. Das zeigt sich auch auf dem Gebiet der Weltwirtschaftstheorie, einschließlich der Problematik einer neuen Weltwirtschaftsordnung. Das betrifft nicht nur demokratische Wirtschaftswissenschaftler in den Entwicklungsländern, das betrifft nicht nur G. Myrdal oder G. Kade und auch nicht nur die *radical economics*; auch W. Leontief und I. K. Galbraith haben auf einem Pariser Kolloquium im Sommer 1975 scharfe Worte gegen die nicht mehr heile Welt des Kapitals gefunden und sich hinter die Ausführungen des radikalen Ökonomen S. A. Marglin gestellt.[35] Das hängt nicht zuletzt damit zusammen, daß im neuen Entwicklungsabschnitt der kapitalistischen Weltwirtschaft eine neue Verunsicherung der kapitalistischen Theorie hinzugekommen ist: die Konfrontation mit Gruppen von Entwicklungsländern und die Wachstumsproblematik (mit Inflation, Arbeitslosigkeit, Umweltproblematik usw.).

Nach einer gewissen Zeit der Unsicherheit und der einfachen Ablehnung der Forderung der Entwicklungsländer nach einer neuen Weltwirtschaftsordnung haben führende kapitalistische Politiker, Praktiker der Wirtschaft und Theoretiker einen anderen Weg eingeschlagen: Anerkennung der Forderung, aber eigene Interpretation und dabei Aushöhlung. Die wichtigsten Punkte dieser Interpretation sind:

1. Die Probleme sind in dem Sinne global geworden, daß wir alle die gleiche Verantwortung in der Welt tragen, denn „es gilt für die Welt insgesamt ein ehernes Gesetz der Interdependenz“[36].

2. Eine neue Weltwirtschaftsordnung kann nicht aus der Ablösung der kapitalistischen Weltwirtschaftsordnung hervorgehen; vielmehr soll sie eine Fortentwicklung derselben sein.

3. Nur bei hohem Wirtschaftswachstum in den entwickelten kapitalistischen Volkswirtschaften können die Entwicklungsländer ebenfalls mit hohen Wachstumsraten rechnen, und umgekehrt: niedriges Wachstum in den KIL bedeute niedriges Wachstum in den EL.[37] (Aber bisher war genau das Gegenteil der Fall; das ist ja eine der Hauptursachen vieler sogenannter globaler Probleme!)

4. Bestimmte Wirtschafts- und Handelsinteressen der EL sollen berücksichtigt werden, aber: die Ziele können am besten „durch eine marktwirtschaftliche Gestaltung der Wirtschaftsbeziehungen zwischen den Staaten erreicht werden, unabhängig von den Wirtschaftssystemen“[38].

Auch angesichts dieser Konzeptionen, die nicht nur von den Marxisten, sondern auch von den meisten Vertretern der Entwicklungsländer und von mehreren kapitalistisch orientierten Wirtschaftswissenschaftlern abgelehnt werden, ist die Diskussion unter Marxisten über die neuen Weltwirtschaftsprobleme auf die Tagesordnung gesetzt.

Weltwirtschaft und sozialistisches Wirtschaftswachstum

Wie wirken die globalen Probleme und auch die Veränderungen im kapitalistischen Bereich der Volkswirtschaft auf die Volkswirtschaften der ML/RGW?

Zunächst und vor allem: Die heutige sozialistische Gesellschaft in den ML/RGW kennt keine Krise des ökonomischen Wachstums. In ihr gibt es keine Rebellion des ausgeplünderten „Südens“ gegen den reichen „Norden“. Der Sozialismus ist frei von Inflation und Währungskrisen. Die inneren politischen und sozialen Spannungen der kapitalistischen Welt sind ihm fremd. Alles das aber nicht etwa deshalb, weil wir weit weg von der realen Welt in unserer Klause säßen und von den weltwirtschaftlichen Vorgängen unberührt blieben. Das nicht; wir sind von jenen Krisen frei, weil wir unsere Wachstums- und Entwicklungsprobleme, die wir natürlich haben, auf der Grundlage des gesellschaftlichen Eigentums lösen, planmäßig, in kollektiver gesellschaftlicher Kooperation — sowohl im Innern der Länder als in den Beziehungen zwischen ihnen.

Was nun Art und Stärke des Einflusses der globalen Probleme wie auch der kapitalistischen Krisenprozesse auf unsere Volkswirtschaften anbelangt, so müssen wir, was Art und Stärke dieses Einflusses wie auch die Mittel anbelangt, ihm zu begegnen, wohl unterscheiden:

1. Inflation, Währungskrise und kapitalistische konjunkturelle Krise wie auch die politischen und sozialen Konflikte in der westlichen Welt sind zwar, wie schon bemerkt, unserer Ökonomie fremd, doch erschweren sie gewiß unsere außenwirtschaftliche Arbeit, wenn wir auch bei der Gestaltung unserer Einfuhren und Ausfuhren wie auch sonstiger Wirtschaftsbeziehungen zusätzliche Möglichkeiten des Manövrierens erhalten. Grundsätzlich können wir der Inflation der Weltmarktpreise und den Valutakursschwankungen mit entsprechenden Gestaltungen unserer Valutakurse und Außenhandelspreise begegnen. Rein schematisch gleichen sich dann erhöhte Einfuhrpreise mit erhöhten Ausfuhrpreisen aus. Im einzelnen kann es operative Chancen und zusätzliche Gewinne geben, doch steckt viel öfter der Teufel in anderen Details: Unsere Anteile auf den kapitalistischen Märkten sind im allgemeinen viel zu gering — ich verweise auf meine weiter vorn gemachten Pauschalangaben über den Anteil der ML/RGW an den Ein- und Ausfuhren der KIL und EL —, und unsere Exportstrukturen enthalten zu wenig „harte" Waren — mit einigen Ausnahmen, vor allem Erdgas und Erdöl aus der UdSSR.

2. Die neuen Relationen zwischen Rohstoff- und Fertigwarenpreisen auf den kapitalistischen Weltmärkten finden sukzessiv auch auf dem internationalen Markt der ML/RGW Eingang. Ihr Kausalnexus ist ein anderer als der der kapitalistischen Inflation, wenn sie historisch auch mit dieser verknüpft sind. Die RGW-Staaten haben, nachdem alle ihre Rohstoffpreise im gegenseitigen Handel bis Ende 1974 fast unverändert geblieben waren, eine sukzessive Anhebung der Preise ab 1. 1. 1975 vereinbart. Kredite und gewisse Preiserhöhungen für eine Reihe von Fertigwaren verhindern, daß ein Land allein innerhalb kurzer Zeit mit entstehenden hohen Belastungen seiner Zahlungsbilanz fertig werden muß.

Nettoexporteure und Nettoimporteure von Rohstoffen werden natürlich von den neuen Preisstrukturen unterschiedlich betroffen. Aber zur Zeit der alten Preisrelationen, in den sechziger Jahren, waren die Wirkungen auch unterschiedlich, nur gerade umgekehrt.

3. Nicht unterschiedlich, sondern im Prinzip auf gleiche Art stehen die ML/RGW in den nächsten Fünfjahrplanzeiträumen vor hohen Anforderungen an die Substitutionsforschung und an Umfang und Strukturen der Investitionen: Neue Ausgaben für Städtebau, Verkehr und andere Bereiche der Infrastruktur wreden ebenso notwendig wie Ausgaben für den Umweltschutz und die Lösung anderer der erwähnten globalen Probleme.

Aus den Punkten 2 und 3 ergibt sich, daß, bei weiter krisenfreiem und kontinuierlichem Wirtschaftswachstum, die Differenzen zwischen den Wachstumsraten des produzierten und des verwendeten Nationaleinkommens etwas größer als in den sechziger Jahren sein werden. Ebenso die Differenzen zwischen der Zunahme des produzierten Nationaleinkommens und den für den gesamten Konsumbereich zur Verfügung stehenden Einkommen und Waren. Das ist aus den neuen Fünfjahrplänen 1976—1980 bereits abzulesen. Ein weiteres relatives Anwachsen von Auslandskrediten ist in der Regel nicht vorgesehen. Der Hauptweg, um außenwirtschaftliche Belastungen abzubauen, um zusätzlichen Investitionsforderungen Genüge zu leisten und um weiter die Arbeits- und Lebensbedingungen zu verbessern, ist die Erhöhung der Effektivität der Wirtschaft. Steigerung der Arbeitsproduktivität, sozialistische Rationalisierung, Verbesserung der volkswirtschaftlichen Strukturen, Stärkung der Exportkraft und effektivere volkwirtschaftliche wie auch betriebliche Leitung und Planung sind wichtige Mittel und Wege. Viele Effekte wird der Ausbau der Wirtschaftsintegration der ML/RGW bringen. Sie fördert die Konzentration, Spezialisierung und Kooperation der Produktion. Und das sind wesentliche Voraussetzungen, um die Volkswirtschaftsstrukturen rationeller zu gestalten, die Arbeitsproduktivität zu steigern und die Selbstkosten (bei hohen Losgrößen) zu senken.

Einige Ableitungen

Es wird Zeit, zum Schluß zu kommen. Dabei ist es angebracht, auch Schlußfolgerungen zu ziehen. Da wären zunächst aus den neuen weltwirtschaftlichen Trends zwei Aufgaben für die Forschung abzuleiten.

In Anbetracht
— der systemeigenen, entgegengesetzten Entwicklungen im sozialistischen und kapitalistischen Bereich der Weltwirtschaft,
— der neuen Rolle der EL in der Weltwirtschaft,
— der Forderungen nach einer neuen internationalen Wirtschaftsordnung,
— der neuen Ausmaße der Wirtschaftsbeziehungen zwischen den SL und dem NSW,
— schließlich der skizzierten universellen Weltprobleme

brauchen wir eine intensive marxistische Weltwirtschaftsforschung — mit Analysen, neuen Fragestellungen und theoretischen Verallgemeinerungen.

Zu diesen Forschungsaufgaben gehören auch verstärkte kritische Untersuchungen der verschiedenen Strömungen in der nichtmarxistischen Weltwirtschaftsliteratur. Wenn hier überhaupt auf einen besonderen Schwerpunkt aufmerksam gemacht werden soll, dann könnte er in Studium und Auswertung der bisher bei uns noch nicht genügend beachteten Literatur der „Dritten Welt“ liegen.

Und nun einige Ableitungen für die praktische Arbeit.

An erster Stelle stehen unsere weiteren Bemühungen um Sicherheit, Rüstungsbegrenzung und weitere Erfolge der Politik der friedlichen Koexistenz. In Diskussionen auf internationalen Symposien und in Dokumenten zur neuen Weltwirtschaftsordnung ist dieses Moment (Rüstungsbegrenzung und Sicherheit) wiederholt vernachlässigt worden. Nichts aber wäre leichtfertiger als das. Rüstungswettrennen belasten die soziale Entwicklung und die internationalen Wirtschaftsbeziehungen, und sie schaffen zusätzliche politische Spannungsfelder. Die Gefahren regionaler Konflikte sind noch nicht geringer geworden. Ohne weltweite und regionale Abkommen über Sicherheit und Zusammenarbeit – siehe KSZE! – kann es keine gleichberechtigten, stabilen, langfristigen und wirkungsvollen Wirtschaftsvereinbarungen zwischen Staaten unterschiedlicher Gesellschaftsordnung geben.

Und beide, diese Wirtschaftsvereinbarungen und die Politik der friedlichen Koexistenz, bedürfen der Untermauerung durch weitere Stärkung der Positionen der sozialistischen Länder. Ihre Wirtschaft wird intensiviert und dadurch effektiver. Die Wachstums- und Entwicklungsprobleme werden mit neuen Anstrengungen rationell und planmäßig gelöst. Die sozialistische ökonomische Integration wird ausgebaut, ebenso die Abstimmung der Politik der ML/RGW bei ihrem Auftreten auf dritten Märkten und in internationalen Organisationen. Eine ebenso wichtige Grundlage und Bedingung ist die verstärkte politische und militärische Zusammenarbeit der Partner des Warschauer Vertrages.

Im unabtrennbaren Zusammenhang mit diesen Aufgaben steht die weitere Ausbildung des sozialen Profils der sozialistischen Gesellschaft, der sozialistischen Kultur, der sozialen Sicherheit und Gleichberechtigung, des sozialistischen Bildungs- und Gesundheitswesens, der Sicherung der natürlichen Lebensbedingungen.

Diese Stärkung der moralischen, wirtschaftlichen und politischen Positionen des Sozialismus in der Welt wird dem Zusammenschluß des Sozialismus mit der internationalen Arbeiterbewegung, den nationalen, antiimperialistischen Befreiungsbewegungen und mit allen an Frieden, Sicherheit und Zusammenarbeit interessierten demokratischen Kräften in der Welt außerordentlich förderlich sein. Im neuen Programm der SED heißt es hierzu:

„Entgegen allen Widerständen setzt sich der gemeinsame antiimperialistische Kampf der sozialistischen Staaten, der internationalen Arbeiterbewegung und der nationalen Befreiungsbewegung auf der Grundlage der objektiv übereinstimmenden Grundinteressen immer mehr durch ...

Im Kampf für Weltfrieden und internationale Sicherheit, gegen Krieg, Aggression und imperialistische Gewaltpolitik ist eine mächtige Friedensbewegung entstanden. Die Einheit aller Kräfte, die für Frieden, nationale Befreiung und sozialen Fortschritt kämpfen, ist das Gebot unserer Epoche.“[39]

Im Rahmen und auf der Grundlage dieser skizzierten Entwicklungen und politischen Aktionen kann die intersystemare wirtschaftliche Zusammenarbeit ausgebaut werden. Auch hierzu finden wir im Programm der SED eine eindeutige Aussage:

„Die SED spricht sich dafür aus, die Vorzüge, die sich aus der Internationalisierung des Wirtschaftslebens und der weltweiten Arbeitsteilung ergeben, auf der Grundlage der Gleichberechtigung und des gegenseitigen Vorteils für den sozialistischen Aufbau zu nutzen.“[40]

In der Tat steht hierfür eine Hierarchie von Formen und Institutionen zur Verfügung oder könnte geschaffen werden. Alte, bewährte Methoden und Einrichtungen sind entsprechend zu gestalten, neue sollten gesucht und können gefunden werden. M. Schmidt wird hierzu Ausführungen machen.

Zu dieser Hierarchie gehört die Tätigkeit und abgestimmte Arbeit der Mitgliedsländer des RGW in der UNO, ihren Organisationen und in anderen internationalen Einrichtungen. Weltweite und regionale Vereinbarungen gehören ebenso dazu wie Kooperationen auf der sogenannten Mikroebene. Hier könnte man an ein erweitertes Mitwirken der Kombinate oder Produktionsvereinigungen ebenso denken wie, zu gegebener Zeit, an das Einschalten der gemeinsamen Wirtschaftsorganisationen der ML/RGW in die intersystemaren wirtschaftlichen Beziehungen.

Auf ausgewählten, geeigneten Gebieten wären internationale Konsortien denkbar. Sie könnten unter anderem mit Geldern von interessierten Erdölexporteuren der EL, mit wissenschaftlich-technischen und anderen Leistungen der ML/RGW wie auch mit Lieferungen von Anlagen und Technologien aus interessierten KIL dazu beitragen, bestimmte wenig entwickelte Länder, besonders Energie-, Rohstoff- und Nahrungsmittelimporteure, zu unterstützen.

Ich möchte auf einen Artikel von N. Wolkow in der Moskauer Zeitschrift „Außenhandel“ verweisen. Der Autor schreibt unter anderem:

„Somit vergrößern die gewachsenen finanziellen Mittel einer Reihe Entwicklungsländer die Möglichkeiten für die gleichberechtigte und beiderseitig vorteilhafte Zusammenarbeit zwischen den Ländern des Sozialismus und den Staaten der dritten Welt beträchtlich.“[41]

Unter verschiedenen möglichen Formen der wirtschaftlichen Zusammenarbeit erwähnt Wolkow die Beteiligung von Entwicklungsländern an Kompensationsabkommen der UdSSR mit führenden westlichen Volkswirtschaften. Verallgemeinernd schreibt er dann:

„All das macht eine schnellere und elastischere Entscheidung der Fragen, die mit der konkreten wirtschaftlichen Zusammenarbeit verknüpft sind, und die Ermittlung von Möglichkeiten zur Verkürzung der Fristen für die Ausarbeitung von Projekten, die Lieferung der Ausrüstungen und den Bau der Objekte erforderlich. Und schließlich unterstreicht das auch die Aktualität der Suche nach Wegen zur Vervollkommnung der organisatorischen Formen der wirtschaftlichen Zusammenarbeit.

Man kann hoffen, daß die Ausnutzung der neuen Bedingungen und die rechtzeitige Lösung der auftauchenden Probleme zu einer beträchtlichen Erweiterung der Zusammenarbeit zwischen den sozialistischen und den Entwicklungsländern führen ..."[42]

Auf vielen Gebieten, nicht nur in Industrie und Landwirtschaft — ich sprach weiter oben davon —, können und werden die ML/RGW mit Entwicklungsländern zusammenarbeiten. Und insgesamt — das war eines der Hauptanliegen meines Beitrags — werden die Staaten des Warschauer Vertrages mit ihrer Hauptkraft, der Sowjetunion, aktiv Einfluß nehmen auf eine Lösung der skizzierten, anstehenden weltwirtschaftlichen Probleme im Interesse des Friedens und des weiteren sozialen Fortschritts in der Welt.

Verwendete Abkürzungen:

KIL = kapitalistische Industrieländer
ML/RGW = Mitgliedsländer des RGW
EL = Entwicklungsländer
NSW = nichtsozialistisches Wirtschaftsgebiet
SL = sozialistische Länder

Anmerkungen

1. D. Meadows (und andere), Die Grenzen des Wachstums, Stuttgart 1972.
2. H. S. D. Cole u. a., Die Zukunft aus dem Computer? Eine Antwort auf *Die Grenzen des Wachstums*, Neuwied usw. 1973. (Titel der engl. Originalausgabe: Thinking about the Future. A Critique of *The Limits of Growth.*)
3. Ebenda, S. 8.
4. Vgl. z. B. ebenda, S. 11 f., 114, 167 f.
5. M. Mesarovič/E. Pestel, Menschheit am Wendepunkt, Stuttgart 1974.
6. Ebenda, S. 8.
7. Ebenda, S. 21.
8. Ich übernehme diese Formulierung von O. Reinhold.
9. Vgl. I. M. Maergoiz, Einige territorial-geographische Aspekte der ökonomischen Integration der sozialistischen Länder, in: Geographische Berichte, 3/1971, S. 171 ff.
10. Vgl. u. a. den Bericht über ein Rundtischgespräch der Moskauer Zeitschrift „Voprossi Filosofii": Die Wissenschaft und die globalen Probleme der Gegenwart, deutsch in: Sowjetwissenschaft, Gesellschaftswissenschaftliche Beiträge, 5/1975, S. 528 ff. und 6/1975, S. 643 ff.

11. H. S. D. Cole, a. a. O., S. 91.
12. Ebenda, S. 99.
13. Ch. Saunders, New Trends in the World Economy: Their Impact on East—West Relations, Beitrag zu einem Workshop on East—West European Economic Interaction, Wien, 13.—17. 10. 1975 (Veröffentlicht demnächst vom Wiener Institut für Internationale Wirtschaftsvergleiche).
14. Ausbau der eigenen Futtermittelbasis und verstärkter Obstanbau in der DDR sind kleine Beispiele für eine „internationalisierte" Agrarpolitik, können wir doch nicht erwarten, daß andere Länder für uns vollständig das arbeitsintensive Früchtesammeln übernehmen oder uns stets billige Futtermittel liefern.
15. Andere Berechnungen oder Schätzungen kommen sowohl für 1958 als auch für 1973 zu höheren Werten. Die Unterschiede hängen mit Berechnungsschwierigkeiten zusammen: Unterschiede zwischen den nationalen Preisstrukturen (und Veränderungen derselben), Veränderungen der Produktionsstrukturen, Umrechnungen mittels der offiziellen Valutakurse u. a. m.
16. W. S. Gurtschinko, Der Getreideanbau in den RGW-Ländern, in: Presse der Sowjetunion, 12/1973, S. 29 f. Ferner: UN, Statistical Yearbook und Statistisches Jahrbuch der ML/RGW (russ.).
17. In diesen Steigerungssätzen ist die Dollarabwertung enthalten, denn die Weltmarktpreise werden in der UN-Statistik in Dollar ausgedrückt.
18. Programm der SED, Berlin 1976, S. 15 f.
19. J. N. Bhagwati, dem wir viele theoretische und statistisch-analytische Studien über den Abzug von Arbeitskräften mit Fach- und Hochschulbildung aus den EL verdanken, gibt an, daß in den USA die Zahl derartiger Einwanderer aus dem gesamten Ausland von 23 710 im Jahre 1962 auf 48 900 im Jahre 1972 gestiegen ist, wobei sich der Anteil der EL von 38 auf 80% erhöhte. Der Anteil von Einwanderern aus den EL am entsprechenden Gesamtzuwachs der Arbeitskräfte mit Fach- und Hochschulbildung in den USA betrug 1972 bei Wissenschaftlern 11%, bei Technikern und Ingenieuren 26% und bei Ärzten gar 51%. Der Autor führt auch Zahlen für Kanada, Australien, Großbritannien und andere Länder an. (I. N. Bhagwati, The Brain Drain — eine Studie für die Weltkonferenz über Beschäftigung, Einkommensverteilung, sozialen Fortschritt und internationale Arbeitsteilung, veranstaltet von der ILO — der Internationalen Arbeitsorganisation — im Frühsommer 1976.)
20. Nach *Liaisons Sociales* betrug 1970 bzw. 1972 der Anteil der Einwanderer an der Zahl der Lohnarbeiter in Frankreich 9,7 und in Großbritannien 7,9%, in der BRD 10,3 und in Belgien 7,3%, in Italien und in Irland 0,3%. (Zitiert nach: Probleme des Friedens und des Sozialismus, 12/1973, S. 1714.)
21. Nach *The Economist* vom 9. 8. 1975, S. 23, lag der Anteil der „Gastarbeiter" an der Gesamtzahl der Beschäftigten in den europäischen kapitalistischen Ländern 1975 in Dänemark mit 2,0 und in Holland mit 3,4% am niedrigsten. In Frankreich betrug der Prozentsatz 9,0 und in der BRD 9,4%. Den höchsten Anteil hatten Luxemburg mit 27,9 und die Schweiz mit 28,2% der Beschäftigten.

22. K. Marx, Theorien über den Mehrwert, Dritter Teil, in: K. Marx/F. Engels, Werke (MEW), Bd. 26.3, Berlin 1968, S. 255.
23. W. I. Lenin, Die nationale Frage in unserem Programm, in: W. I. Lenin, Werke, Bd. 6, Berlin 1956, S. 460.
24. W. I. Lenin, Entwurf des Programms der SDAPR, in: Werke, Bd. 6, Berlin 1956, S. 14.
25. A. Tévoédjrè, Pour un contrat de solidarité, Institut International d'Études Sociales, Genève, Janvier 1976.
26. Deklaration über die Schaffung einer neuen internationalen Wirtschaftsordnung, in: DDR-Außenwirtschaft, 21/1974, Beilage, S. 5.
27. H. S. D. Cole, a. a. O., S. 57.
28. Ebenda, S. 59 f.
29. Ebenda, S. 168.
30. M. Kalecki, Essays in the Theory of Economic Fluctuations, London 1939, S. 149.
31. J. Robinson, The Accumulation of Capital, London 1956.
32. G. Kade, Die Grenzen des Wachstums — Das Elend der bürgerlichen Ökonomie, Vorwort zu H. S. D. Cole, a. a. O., S. XXI.
33. Ebenda, S. XXIV.
34. H. C. Recktenwald, Würdigung des Werkes, in: A. Smith, Der Wohlstand der Nationen, München 1974, S. LV f.
35. Vgl. *Le Nouvel Observateur,* Sondernummer „Ökonomie", Paris 1975.
36. Vgl. z. B. H. D. Genscher, Rede vor der 30. UN-Vollversammlung, in: Bulletin des Presse- und Informationsamtes der Bundesregierung, 117/1975, 25. 9. 1975, S. 1161 ff. — Vgl. ferner verschiedene Vorschläge Kissingers in: The Economist, 6. 9. 1975, S. 99 f. und in: International Herald Tribune, 28. 8. 1975, S. 4.
37. Vgl. z. B. H. B. Chenery, Restructuring the World Economy, in: Foreign Affairs, Vol. 53, No. 2, January 1975, S. 242 ff.
38. H. D. Genscher, a. a. O.
39. Programm, a. a. O., S. 14 f.
40. Ebenda, S. 33.
41. N. Wolkow, Die neue Rolle der Entwicklungsländer im System der internationalen Wirtschaftsbeziehungen, in: Außenhandel, 9/1975, S. 16.
42. Ebenda.

Willi Kunz

Neue Prozesse der ökonomischen Integration der RGW-Länder

1. Ziele, Strukturen und Ressourcen

Welche der großen, positiven Veränderungen in der Weltarena man auch nimmt, sie alle verdeutlichen das zunehmende Gewicht des Sozialismus.

Der erfolgreiche Aufbau des Sozialismus, die erzielten Errungenschaften von Wirtschaft, Wissenschaft und Technik innerhalb der RGW-Länder und insbesondere das internationalistische Wesen des Sozialismus führen objektiv zu einer neuen Qualität der internationalen Zusammenarbeit zwischen den Ländern des RGW.

Die sozialistische Integration entwickelt sich erfolgreich, wobei die Rolle der UdSSR gesetzmäßig wächst.

Die sozialistische ökonomische Integration im RGW, die erst seit wenigen Jahren begonnen hat, das Wirtschaftsleben der RGW-Länder zu beeinflussen, ist ein wichtiger Teilprozeß, der zunehmend die Veränderungen in der Welt beeinflußt. Diese Integration ist eingebettet in den Gesamtprozeß der politischen und ökonomischen Annäherung und des Zusammenschlusses der sozialistischen Nationen und Staaten; sie wird objektiv bestimmt durch die gemeinsamen politischen, ökonomischen und ideologischen Grundlagen sowie durch die gemeinsamen Ziele und Aufgaben der Länder der sozialistischen Staatengemeinschaft.

Marx, Engels und insbesondere Lenin haben den Prozeß der Vergesellschaftung und Internationalisierung, der Annäherung und Vereinigung der sozialistischen Nationen mit wissenschaftlicher Weitsicht vorausgezeichnet, vor allem die Internationalisierung des Wirtschaftslebens, die als objektiv wirkende Tendenz der sozialistischen ökonomischen Integration zugrunde liegt. Dabei bewahrheitet sich die Feststellung Lenins, daß die sozialistische Bewegung im alten Rahmen des Vaterlandes nicht siegen kann.[1]

Die Entwicklung der sozialistischen ökonomischen Integration der RGW-Länder verstehen wir als eine objektive, langfristige Erscheinung der Vergesellschaftung und Internationalisierung der Produktion und Arbeit unter sozialistischen Bedingungen. Darin einbezogen ist die allmähliche Annäherung und Angleichung der beteiligten sozialistischen Volkswirtschaften und ihrer Strukturen, ihre ständig zunehmende, langfristig geplante Verflechtung, vor allem des Forschungs- und Produktionspotentials der beteiligten Länder.

Dieser Prozeß, der sich in mehreren Etappen vollzieht, ist ein entscheidender Teil des revolutionären Weltprozesses unserer Gegenwart und Zukunft, der die Gestaltung der entwickelten sozialistischen Gesellschaft und in einem längeren, perspektivischen Zeitraum die Entwicklung zum Kommunismus maßgeblich beeinflußt.

Die sozialistische ökonomische Integration wird unter Führung der kommunistischen und Arbeiterparteien und der beteiligten sozialistischen Staaten planmäßig mit dem Ziel vorangetrieben, unter Nutzung der historischen Vorzüge des Sozialismus als internationale Ordnung die jeweils optimalen wissenschaftlich-technischen, ökonomischen und politischen Bedingungen für die weitere Entwicklung der Produktivkräfte in den beteiligten Ländern und für die Gemeinschaft des RGW insgesamt zu schaffen. Damit wird für jede ihrer Etappen zugleich ein wichtiger materieller Beitrag zur weiteren Ausprägung der sozialistischen Produktionsverhältnisse (des entwickelten Sozialismus) und Konsolidierung des Sozialismus als Weltsystem geleistet.

Durch gesellschaftliche Aktion wird verwirklicht, was Karl Marx voraussah, daß die Arbeiterklasse im Verlauf des Klassenkampfes eine harmonische nationale und internationale Koordinierung der gesellschaftlichen Formen der Produktion herbeiführt.[2]

Wie schnell sich dieser Prozeß vollzieht, hängt von den objektiven Bedingungen, den vorhandenen Ressourcen und dem Reifegrad der Produktionsverhältnisse, zunehmend von der Gestaltung der Überbaubeziehungen (darunter vor allem der Planung und Organisation), dem Erkenen der wirkenden Gesetzmäßigkeiten der Internationalisierung und ihrer planmäßigen Nutzung ab.

Das Erkennen der ökonomischen Gesetze des Sozialismus in ihrem internationalen Wirkungszusammenhang ist dabei eine wichtige, jedoch nicht die alleinige Voraussetzung für die Verwirklichung der ökonomischen Vorzüge des Sozialismus im Bereich des RGW.

F. Engels schrieb im „Anti-Dühring“:

„Die bloße Erkenntnis, und ginge sie weiter und tiefer als die der bürgerlichen Ökonomie, genügt nicht, um gesellschaftliche Mächte der Herrschaft der Gesellschaft zu unterwerfen. Dazu gehört vor allem eine gesellschaftliche Tat.“[3]

Das gilt in vollem Maße für die bewußte Nutzung der objektiven Vorzüge des Sozialismus. Es geht darum, praktisch den Beweis zu führen, daß die progressive Gesellschaftsordnung dem Kapitalismus vor allem dadurch überlegen ist, daß sie das gesellschaftliche Leben bewußt und planmäßig entsprechend den Zielen und im Interesse der Gesellschaft zu gestalten versteht.

Über die planmäßige Entwicklung der RGW-Länder, die absolute und relative Zunahme ihres Gewichts in der Weltwirtschaft gibt es viele Analysen, veröffentlichte Zahlen- und Wachstumsreihen usw. Hier soll nur an einige wenige Eckziffern erinnert werden:

Der Anteil der RGW-Länder an der Weltindustrieproduktion erhöhte sich von 18% im Jahre 1950 auf 33,4% (1974), derjenige der kapitalistischen Industrieländer ging entsprechend von 73 auf 53% zurück. Alle sozialistischen Länder hatten 1974 einen Anteil von etwa 40% an der Weltindustrieproduktion (1950 = 20%). Somit verfügten die sozialistischen Länder 1950 über etwa 27% des Industriepotentials des Kapitalismus, und 1974 waren es bereits etwa 75%.

Die RGW-Länder produzieren heute etwa 25% des Weltnationaleinkommens.

In allen europäischen RGW-Ländern ist die Tendenz der Zunahme des Anteils progressiver, durch die wissenschaftlich-technische Revolution hervorgebrachter Wirtschaftszweige an der Industrieproduktion feststellbar. Besonders schnell entwickelten sich die Brennstoff- und Energiewirtschaft, der Maschinenbau und die Metallindustrie sowie die chemische Industrie.

Diese progressiven Veränderungen in den RGW-Ländern vollzogen sich zeitgleich mit einer Zunahme ihrer wirtschaftlichen und wissenschaftlich-technischen Zusammenarbeit in ihrer Breite und Tiefe; internationale Austauschstrukturen veränderten sich. Der Außenhandel zwischen den RGW-Ländern erfährt einen bedeutenden Aufschwung. Alle Länder des RGW haben von Jahr zu Jahr ihre Außenhandelsumsätze untereinander bedeutend schneller gesteigert, als in vorangegangenen Fünfjahrplanzeiträumen (vgl. dazu Tab. 1).

Dabei vollziehen sich (zum Teil bedeutende) Veränderungen in den Ex- und Importstrukturen des Außenhandels der RGW-Länder untereinander als Ausdruck ihrer zunehmenden internationalen Arbeitsteilung.

Tab. 2 zeigt die beträchtliche Zunahme des Anteils von Maschinen, Ausrüstungen und Transportmitteln am Export solcher ehemals ökonomisch wenig entwickelten Länder wie Bulgarien, Polen und Rumänien.

Die zunehmende Arbeitsteilung (vor allem im Maschinenbau) im Bereich des RGW führt dazu, daß durch die Ausnutzung der Vorzüge dieser Arbeitsteilung auch die Importstrukturen der Länder sich ändern. Ein Land wie die DDR ist z. B. zunehmend daran interessiert, bei einer absoluten Zunahme des Imports von Rohstoffen die Importanteile von hochproduktiven Maschinen und Ausrüstungen zu erhöhen (vgl. Tab. 3).

Bei der Analyse dieser Zusammenhänge muß darauf aufmerksam gemacht werden, daß alle Länder der Integrationsgemeinschaft des RGW eine weitere Vertiefung der Zusammenarbeit anstreben und davon entsprechenden Nutzen

Tabelle 1
Durchschnittliche jährliche Steigerung des Außenhandelsumsatzes der RGW-Länder untereinander (in %)

	1966–1970	1971–1974
VRB	10,7	13,5
UVR	8,7	13,3
DDR	9,2	10,0
MVR	2,7	16,0
VRP	10,3	12,8
SRR	7,3	11,2
UdSSR	7,8	12,1
ČSSR	5,7	10,7
RGW gesamt	8,2	11,9

Quelle: RGW-Mitgliedsländer, Moskau 1974, RGW-Sekretariat, T. 175. Stat. Bulletin, RGW-Sekretariat 1975, Teil II

Tabelle 2
Anteil an Maschinen, Ausrüstungen und Transportmitteln am Export der RGW-Länder (in %)

	1950	1970	1974
VRB	–	29,0	40,0
UVR	23,0	32,6	33,1
DDR	49,0*	51,7	48,2
VRP	7,8	38,5	37,0
SRR	4,2	22,8	20,7
UdSSR	11,8	21,5	19,2
ČSSR	26,4	50,4	46,2

* 1960
Quelle: Statistische Jahrbücher des RGW

haben. Die einzelnen Länder sind jedoch objektiv in sehr unterschiedlichem Grade von der internationalen Arbeitsteilung abhängig. Die ökonomische Ursache dafür muß vor allem in den optimalen Größen der Produktionspotentiale bzw. des Wirtschaftskörpers des jeweiligen Landes gesucht werden.[4] So vereinigt die UdSSR allein rund 70% des Wissenschafts- und Produktionspotentials der Gemeinschaft auf sich. Die RGW-Länder mit einem kleineren Wirtschafts-

Tabelle 3
Warenstruktur des Imports der DDR

	1960 % des Gesamt-imports	Mio VM	1974 % des Gesamt-imports	Mio VM	Erhöhung auf % 1974 : 1960
Maschinen, Ausrüstungen u. Transportmittel	12,7	1171	26,4	8862	757
Brennstoffe, mineral. Rohstoffe, Metalle	38,5	3548	28,4	9534	269
Andere Rohstoffe und Halbf. f. Ind., Rohst. u. Produkte der Nahrungsmittelindustrie	39,2	3613	26,0	8728	242
Industrielle Konsumgüter	5,3	489	7,0	2350	481
Chemische Erzeugn., Düngemittel, Kautschuk, Baumaterialien u. a. Waren	4,3	396	12,2	4096	1034
	100,0	9217	100,0	33570	364

Quelle: Statistisches Jahrbuch 1975.

körper sind objektiv in weitaus größerem Maße an einer hohen wirtschaftlichen Verflechtung interessiert als die Sowjetunion (vgl. Tab. 4).

In den RGW-Ländern vollzog sich als objektiver Entwicklungsprozeß des Sozialismus eine ständige Angleichung ihres ökonomischen Entwicklungsniveaus. Im Unterschied zur Vertiefung der Ungleichmäßigkeit im Kapitalismus haben sich besonders hier bedeutende Wandlungen vollzogen. Ehemalige Agrarländer entwickelten sich zu Industrie-Agrar- bzw. zu Industrieländern, in denen heute bereits mehr als 50% des Nationaleinkommens in Industrie und Bauwesen produziert werden.

Die RGW-Länder sehen im Innern ihrer Volkswirtschaften und auf der Grundlage des RGW-Komplexprogramms in ihrer Zusammenarbeit Maßnah-

Tabelle 4
Zusammenhang zwischen dem Umfang des Wirtschaftskörpers und der außenwirtschaftlichen Intensität der RGW-Länder

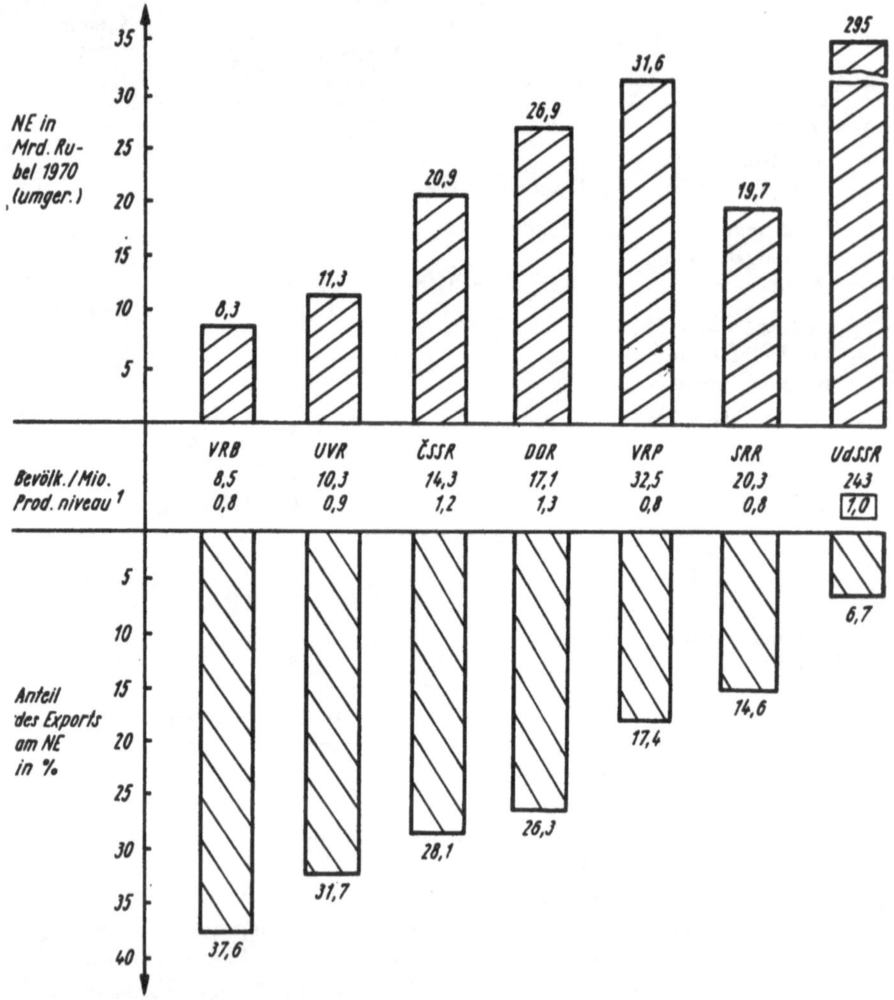

Infolge Fehlens direkter statistischer Daten mußten obige Angaben mit Hilfe zahlreicher Umrechnungen ermittelt werden. Die Größenordnungen dürften zutreffen, ohne Anspruch auf letzte Genauigkeit zu erheben.

Forts. der Legende s. S. 51 unten.

men vor, um auch weiterhin den Angleichungsprozeß im ökonomischen Entwicklungsniveau der Länder voranzutreiben. Dabei steht die Erkenntnis im Vordergrund, daß die weitere Angleichung des ökonomischen Entwicklungsniveaus der RGW-Länder allen Beteiligten Vorteile bringt, da der internationale Zusammenschluß, die Verflechtung und allmähliche Verschmelzung der Volkswirtschaften unter sozialistischen Bedingungen nur bei einem annähernd gleichen wissenschaftlich-technischen und ökonomischen Niveau der beteiligten Länder mit höchster ökonomischer und gesellschaftlicher Effektivität vollzogen werden können.

Die beträchtlichen qualitativen Veränderungen, die sich in den RGW-Ländern seit Ende der sechziger Jahre in Richtung auf eine intensive Wirtschaftsentwicklung vollzogen, haben günstige Bedingungen für den planmäßigen Ausbau ihrer Wirtschaftsbeziehungen, für die nunmehr beginnende sozialistische ökonomische Integration geschaffen. Die Integration ihrerseits führt zu neuen Maßstäben, einer weiteren Konzentration der Produktion und zu größeren Möglichkeiten für eine effektivere Gestaltung der nationalen und internationalen Reproduktionsbedingungen. Das Entwicklungstempo von Wissenschaft und Technik und die praktische Nutzung ihrer Ergebnisse werden beschleunigt. Die volkswirtschaftlichen Grundstrukturen vervollkommnen sich durch internationale Anpassung und Verflechtung im Rahmen der Integration weiter.

Von entscheidender Bedeutung für das Erreichen der Ziele des Sozialismus und der RGW-Integration *ist der effektivste Einsatz der* beträchtlichen *vorhandenen und das Erschließen weiterer Ressourcen*, d. h., eine ausgewogene Bilanz zwischen Zielbestimmung und Ressourcenentwicklung. Das betrifft alle materiellen, finanziellen und Arbeitskräfteressourcen.

Ausgangspunkt für entsprechende Überlegungen können dabei nicht lediglich allgemeine Wachstumsraten der Produktion und des Verbrauchs sein. Zielbestimmung und Ressourceneinsatz sind komplizierter hinsichtlich der materiellen Struktur der Produktion, der Investitionen und des Verbrauchs. Dazu gehören vor allem die richtige Einsatzvariante von Wissenschaft und Technik, eine entsprechende Rohstoffwahl und -beschaffung sowie entsprechende progressive Technologien, hochproduktive Technik und qualifizierte Arbeitskräfte, ebenso wie eine Strategie für die Entwicklung der Arbeits- und Lebensbedingungen der Menschen und besonders ihrer Konsumtion.

Quellen: 1. A. Alexejew: Sozialistische Wirtschaftsintegration in Aktion, APN-Verlag Moskau 1973.

2. Volkswirtsch. d. RGW-Mitgliedsländer 1972, RGW-Sekretariat Moskau, 1973.

3. Volkswirtschaft der UdSSR 1970 (Statist. Jahrbuch), Moskau 1971.

Ich möchte dazu lediglich zwei große materielle Problemkomplexe berühren, die im Zusammenhang mit der Intensivierung und der sozialistischen ökonomischen Integration in das Blickfeld gerückt sind.

Zum Ersten geht es um die Sicherung der Brenn- und Rohstoffbasis.

Die Versorgung der Gesellschaft, insbesondere der modernen Industrie und der Volkswirtschaften überhaupt mit Rohstoffen, Brennstoffen und Energie ist zu einer Existenzfrage für alle Industrieländer unseres Erdballs geworden. Davon hängt die Aufrechterhaltung des erreichten Standes der Produktion und deren weiteres Wachstum ab. Deshalb ist die Rohstoff-, Brennstoff- und Energieversorgung ein Problem von strategischer Bedeutung.

Die Gemeinschaft der RGW-Länder und besonders die UdSSR haben die Möglichkeit, ihren wachsenden Roh- und Brennstoffbedarf weitestgehend aus eigenem Aufkommen zu decken, da sie bei den wichtigsten Roh- und Brennstoffen über einen bedeutenden Anteil an den Weltvorkommen verfügen. (Dazu gehören u. a. 57% der Kohlevorräte der Welt, 25% der Erdgasquellen, beträchtliche Erdöl- und Eisenerzvorräte usw.)

Ein zweifaches Problem in bezug auf die vorhandenen Ressourcen besteht darin, daß

1. die UdSSR über einen Anteil der Ressourcen von 10 : 1 bei einem Bevölkerungsverhältnis von 2,5 : 1 verfügt, und daß
2. rund 90% der Vorkommen östlich des Ural konzentriert sind, während 80% in den europäischen Gebieten benötigt bzw. zur Westgrenze der UdSSR transportiert werden müssen.

Diese ungünstige Standortverteilung führt zu einer beträchtlichen Verschärfung der Tatsache, daß Erkundung, Förderung und Transport der Rohstoffe, Brennstoffe und Energie ohnehin ständig teurer werden. 1971 bis 1975 stiegen zum Beispiel die aufgewendeten Investitionsmittel für die Förderung und den Transport pro Zuwachseinheit von Rohstoffvorkommen im Vergleich zu den Jahren 1966 bis 1970 bei Erdöl um 28% und bei Gas um 60%.

Vor allem drei Faktoren wirken belastend auf die ökonomische Effektivität der Rohstoffproduktion ein: Erstens die Standortverteilung, zweitens der unverhältnismäßig höhere Aufwand und drittens die lange Zeitdauer des Investitionszyklus und der Periode für die Wiedererwirtschaftung der verausgabten Mittel.

Die Vorzüge des sozialistischen Systems zeigen sich demgegenüber darin, daß ein entwickeltes Industrieland wie die UdSSR in hohem Maße Rohstoffe in die Partnerländer exportiert, während die USA und andere kapitalistische Industrieländer durchweg Nettoimporteure von Roh- und Brennstoffen sind.

So erhielt z. B. allein die DDR in den letzten 4 Jahren (1971—1974) aus der UdSSR mehr als 48 Millionen Tonnen Erdöl, fast 18 Millionen Tonnen Steinkohle usw. Im Fünfjahrplanzeitraum 1976 bis 1980 wird die Sowjetunion unsere Volkswirtschaft mit 88,2 Millionen Tonnen Erdöl, 21,6 Milliarden Kubikmeter Erdgas, 21 Millionen Tonnen Steinkohle, 15,9 Millionen Tonnen Walzstahl, 375 000 Tonnen Zellstoff, 425 000 Tonnen Baumwolle, 212 000 Tonnen Kupfer usw. beliefern.

Die *Stabilität der Rohstofflieferungen* ist eine *entscheidende Voraussetzung* für die Kontinuität der Industrieproduktion und das Erreichen der volkswirtschaftlichen Zielsetzungen. Der weiterhin wachsende Bedarf der Volkswirtschaften an Rohstoffen, Brennstoffen und Energie *erfordert zunehmend eine langfristig integrierte Roh- und Brennstoffwirtschaft der RGW-Länder*, um ein stabiles Wachstum zu sichern. Darin ist die stabile Sicherung der Ernährung durch eine hochentwickelte Land- und Nahrungsgüterwirtschaft im gesamten RGW-Bereich, der allmähliche Abbau der hohen Importe an Agrarerzeugnissen aus kapitalistischen Ländern sowie die Lösung der Förder-, Übertragungs- und Transportprobleme eingeschlossen.

Ausgehend von einer gründlichen Bedarfsanalyse gehören hierzu ferner Maßnahmen zur weiteren geologischen Erkundung und Nutzung der eigenen Vorkommen auf dem Territorium der einzelnen Länder, einer hohen Materialökonomie beim Einsatz der Rohstoffe, Brennstoffe und Materialien, als auch die Errichtung gemeinsamer Rohstoffobjekte, vor allem durch Investitionsbeteiligungen in befreundeten sozialistischen Partnerländern, die in Form von Rohstofflieferungen zurückfließen,

Für die DDR war es für die Beschaffung von Rohstoffen und Materialien (außer normalen Importen über den Außenhandel) im Jahre 1975 erforderlich, die Investbeteiligung in der UdSSR und in anderen sozialistischen Ländern als Teil unserer eigenen Akkumulation gegenüber dem Plan 1974 fast zu verdreifachen.

Die Rohstoff- und Brennstoffproblematik und ihre notwendige Lösung werfen eine weitere Frage auf:

In der Literatur der DDR wird viel darüber geschrieben, daß wir ein rohstoffarmes Land sind. Das stimmt selbstverständlich in bezug auf die meisten Industrie-Rohstoffe, trifft aber, wenn auch anders strukturiert, für andere Industrieländer in ähnlicher Weise zu.

Ein Problem, das bei der weiteren Analyse und theoretischen Durchdringung stärker in den Mittelpunkt der Überlegungen gerückt werden sollte ist, daß wir einen zu niedrigen Veredelungsgrad der eingesetzten Rohstoffe und Materialien haben. Dafür ein Beispiel: In der DDR werden bestimmte Werkzeugmaschinen vergleichbarer Leistung wie in der ČSSR gebaut, die jedoch einen um durchschnittlich 10 bis 20% höheren Masseaufwand haben. Die Industrie kennt eine Zahl weiterer ähnlicher Beispiele.

Hier liegen natürlich noch bedeutende Reserven für Maßnahmen auf dem Gebiet der Materialökonomie. Es war schon die Rede von einer ungenügenden Entwicklung der Substitution. Die neuen Industriepreise, die ab 1976 und in den Folgejahren etappenweise direkt auf die Industriebetriebe der DDR einwirken, werden ohne Zweifel zu neuen materialökonomischen bzw. Substitutionsüberlegungen und auch zu neuen Strukturen in den Reproduktionsprozessen der Zweige und (längerfristig) auch für die Volkswirtschaft der DDR insgesamt führen.

Zum Zweiten geht es um die weitere Vertiefung der wissenschaftlich-technischen Zusammenarbeit mit ihren verschiedenen Formen als eine entscheidende Komponente innerhalb des Gesamtprozesses der sozialistischen ökonomischen Integration. Sie nimmt in den Beziehungen zwischen den RGW-Ländern bereits gegenwärtig einen bedeutenden Platz ein.

Das ergibt sich daraus, daß

- die Rolle der Wissenschaft als entscheidende gesellschaftliche Produktivkraft insgesamt wächst;
- das Ausmaß und die Komplexität aller Aufgaben in Wissenschaft und Technik so bedeutend sind, daß sie unter den heutigen Bedingungen nicht mehr von einem Land allein gelöst werden können;
- die Aufwendungen für Wissenschaft und Technik sprunghaft ansteigen;
- über die Integration wissenschaftlich-technische Potenzen zusammengeschlossen werden können, um zu optimaleren Ergebnissen zu gelangen. (Das geschieht durch direkte Gemeinschaftsarbeit bzw. durch Freisetzung infolge Arbeitsteilung und Konzentration.)

Wenn im Zuge längerfristiger Integrationspolitik Entscheidungen über volkswirtschaftliche Strukturentwicklungen vorbereitet werden, so nimmt die Entwicklung der produktionsvorbereitenden Prozesse weiter an Bedeutung zu.

Die Zusammenarbeit auf dem Gebiet von Wissenschaft und Technik wird dabei immer mehr zum entscheidenden Ausgangspunkt für die Effektivität der ökonomischen Beziehungen zwischen den Ländern überhaupt.

Vom Niveau der planmäßig abgestimmten arbeitsteiligen bzw. Gemeinschaftsforschung hängt es vor allem ab, ob die Volkswirtschaften der RGW-Länder tatsächlich ihre Produktionsstrukturen integrieren oder ob sie vorwiegend handelsintegriert bleiben.

In den RGW-Ländern werden hohe Aufwendungen für Wissenschaft und Forschung getätigt. Die Anteile am verwendeten Nationaleinkommen liegen dafür zwischen 2,5 und mehr als 4%, wobei die UdSSR, die ČSSR und die DDR mit 4% und z. T. darüber an der Spitze liegen. Das ist im internationalen Vergleich sehr hoch.

Für ein relativ kleines Land wie die DDR gilt dabei, daß nicht in der ganzen Breite geforscht werden kann, insbesondere, da der Aufwand für die Forschung und Entwicklung neuer Erzeugnisse und Technologien in der Welt absolut und schnell ansteigt. So kostet z. B. die Entwicklung eines

– neuen Medikaments 10–15 Millionen Mark,
– einer synthetischen Faser 40–50 Millionen Mark usw.

In der DDR sind allein im Staatsplan Wissenschaft und Technik mehr als 80% Themen mit der sozialistischen ökonomischen Integration verbunden.

Es wurden solche Probleme der WTZ in den letzten Jahren erfolgreich gelöst, wie

– die Gewinnung neuer synthetischer Fasern,
– die Anwendung neuer Baustoffe und Bautechnologien,
– die gemeinsame Entwicklung eines hochproduktiven Verfahrens zur Herstellung von Hochdruckpolyäthylen („Polymir 50“),
– die gemeinsame Forschungs- und Entwicklungsarbeit bei hochproduktiver Erntetechnik (Rübenerntekombine KS 6) oder
– die gemeinschaftliche Entwicklung der ESER-Familie, an der insgesamt 20 000 Wissenschaftler und Konstrukteure und 70 Betriebe der elektronischen Industrie verschiedener RGW-Länder beteiligt waren.

Eine große Zahl weiterer Beispiele wurde geschaffen, wo folgerichtig mit der Zusammenarbeit in Wissenschaft und Technik begonnen wurde, um dann den gesamten Produktionsprozeß in die Spezialisierung und Kooperation einzubeziehen.

Hier ist eine einschränkende Bemerkung am Platze.

Wie in den inneren Reproduktionsbeziehungen der Volkswirtschaften zeigt sich auch bei zunehmender Integration, daß bei Entscheidungsvorbereitungen die ganze Reproduktionskette analysiert werden und das Verhältnis von wissenschaftlichem Vorlauf – Konstruktion – Investitionsvorbereitung – Investition – Produktion stärker planmäßig stabilisiert werden muß. Hier gibt es noch beträchtliche Verluste.

Die Beispiele nehmen zu, daß gute Ergebnisse in Wissenschaft und Technik nicht schnell genug in die Produktion übergeleitet werden und zu hohen Nutzeffekten führen. Hier geht also bedeutende Effektivität verloren. Wissenschaft und Technik führen „für sich betrachtet“ nicht zur Intensivierung und Steigerung der Effektivität, sondern immer nur in engster Verbindung mit einer schnellen Überleitung der Ergebnisse in die Produktion.

Bedeutungsvoll für die Vergrößerung der Ressourcen und Potenzen der Gemeinschaft des RGW durch WTZ sind die Vereinbarungen der Akademien, vor allem in der Grundlagen- und Vorlaufforschung. Hier ist bereits sehr viel getan worden.

Wenn wir aber den Blick bis zum Jahre 1990 und z. T. darüber hinaus richten (und das ist ohne Zweifel *eine* Aufgabe der Akademie), sollte die Zusammenarbeit unbedingt stärker solche Gebiete umfassen, wie

- die Einflußnahme von Wissenschaft und Technik auf die Entwicklung der Arbeits- und Lebensbedingungen der Menschen in der entwickelten sozialistischen Gesellschaft und beim Übergang zum Kommunismus;
- die weitere Strukturierung der Energiewirtschaft, insbesondere die gemeinsame Entwicklung und Produktion moderner Energieträger (schnelle Reaktoren, Verfahren zur effektiveren Energieumwandlung und Energieeinsparung);
- alle entscheidenden Fragen der Umweltgestaltung und ihres Schutzes.

Wichtig scheint mir noch zu sein, die Anstrengungen zu verstärken, um die Erarbeitung und den konkreten Aufbau eines gemeinsamen Informationssystems der RGW-Länder einschließlich der dazu erforderlichen Datenbänke über die neuesten Forschungsergebnisse in der Welt schneller voranzubringen.

Ein solches Informationssystem auf der Grundlage der elektronischen Datenverarbeitung kann in allen beteiligten Ländern beträchtliche schöpferische Potenzen freisetzen.

Das Zentrum für wissenschaftlich-technische Information in Moskau könnte dazu eine gute Grundlage bieten.

Nicht unerwähnt bleiben darf die große und zunehmende Rolle, die die *Standardisierung* als Basis für die Planung gemeinsamer Forschungsaufgaben und die daran anschließende Produktionsspezialisierung und -kooperation spielen.

Auf diesem Gebiet gibt es erste gute Ergebnisse, zum Beispiel in der Metallurgie oder auch im Elektromaschinenbau. Fast 4000 RGW-Standardempfehlungen sowie 50 RGW-Standards wurden herausgegeben.

Experten schätzen jedoch ein, daß bisher nur 4% aller Einzelteile und Baugruppen des Maschinenbaus für einen universellen Einsatz standardisiert sind. Es entstehen noch hohe Kosten durch Umrüstungen in TGL und GOST.

Hier liegen also noch bedeutende Reserven in der internationalen Arbeit.

Die Aufgabe kann nur in der Ausarbeitung eines für alle RGW-Länder einheitlichen Projektes der Projektierungs- und Konstruktionsdokumentation sowie eines einheitlichen Systems von Toleranzen und Passungen bestehen.

Die stabile Versorgung der Volkswirtschaften der RGW-Länder mit Roh- und Brennstoffen wie auch ihre zunehmende Zusammenarbeit in Forschung und Technik bilden entscheidende Voraussetzungen für die *zunehmende Intensivierung* des gesellschaftlichen Reproduktionsprozesses *durch weitere Vertiefung der internationalen Produktionsspezialisierung und -kooperation.*

Es wurde bereits deutlich, daß die Arbeitsteilung in den Vorstufen der materiellen Produktion, vor allem in der Forschung und Entwicklung zunehmend zu einer Schlüsselfrage der effektiven Spezialisierung und Kooperation wird. In den kommenden Planzeiträumen wird auch die Spezialisierung und Kooperation der Produktion auf der Grundlage langfristig begründeter zwei- und mehrseitiger Spezialisierungskonzeptionen für größere Erzeugnisgruppen und für ganze Produktionszweige an Bedeutung gewinnen. Ausgangspunkt aller damit zusammenhängenden konzeptionellen Vorstellungen und Festlegungen sollte immer sein:

Erstens eine stabile und bessere Deckung des Bedarfs an Maschinen, Ausrüstungen und Anlagen, besonders an modernen hochproduktiven Rationalisierungsmitteln; in Zusammenhang damit eine weitere Verbesserung der Ausstattung der Wirtschaft mit hochproduktiver Technik.

Zweitens eine zielstrebige Nutzung der potentiell vorhandenen bedeutenden Konzentrations-, Spezialisierungs- und Kooperationseffekte und Erhöhung der Serienproduktion.

Dabei geht es in zunehmendem Maße um eine komplexe, gemeinschaftliche Entwicklung der Forschungs- und Produktionskooperation zur Schaffung neuer, hochproduktiver und flexibler Technologien und Verfahren, neuer Werkstoffe sowie kompletter Anlagen. Diese Entwicklung schließt natürlich die Spezialisierung und Kooperation von Teilmaschinen, Bauelementen, Baugruppen und Einzelteilen ein, wobei der besseren Standardisierung und Vereinheitlichung der Baugruppen und Einzelteile des Maschinenbaus größere Bedeutung zukommt.

Die Erfahrungen der letzten Jahre weisen eindeutig auf einen vorrangigen Trend der internationalen Spezialisierung und Kooperation im RGW bei Fertigerzeugnissen, vor allem bei Maschinen und kompletten Anlagen hin. Besonders auf diesem Gebiet hat sich die Zahl der Spezialisierungsabkommen und Kooperationsverträge zwischen den RGW-Ländern schnell erhöht und nimmt immer mehr Einfluß auf den Warenaustausch.

2. Die planmäßige Organisation der sozialistischen Form der Internationalisierung

Die neuen Prozesse, die sich mit der zunehmenden Vergesellschaftung und Internationalisierung von Arbeit und Produktion zwischen den RGW-Ländern herausbilden, erfordern eine richtige Einstellung des Leitungs- und Planungssystems auf die sozialistische ökonomische Integration.

Vor allem sind zwei Fragen zu beantworten:

1. Wie werden die wissenschaftlich-technischen und ökonomischen Beziehungen planmäßig organisiert, wie funktioniert der Mechanismus der Zusammenarbeit?

2. Wie werden die inneren Systeme der Leitung und Planung auf die Anforderungen der Integration, auf die neuen Dimensionen der Zusammenarbeit, die Vielfalt und Tiefe der Verflechtungsbeziehungen eingestellt? Wie funktioniert der demokratische Zentralismus in der Wirtschaft der einzelnen Länder integrationsgemäß?

Die Wirksamkeit der Integration wird in starkem Maße über das Planungssystem der Länder und die Planungszusammenarbeit zwischen ihnen entschieden.

Von der Qualität der Planung hängen in entscheidendem Maße die Fortschritte in der Zusammenarbeit ab. G. Kohlmey bezeichnete die Integration in diesem Zusammenhang als eine höhere Entwicklungsstufe der sozialistischen Planwirtschaft, als einen Prozeß ihrer Internationalisierung, um zu dem Schluß zu gelangen, daß dabei allmählich Integrationsprozesse im gesellschaftlichen Überbau beginnen.[5]

Die Rolle der Planungszusammenarbeit zwischen den RGW-Ländern nimmt entscheidend zu. Das gilt für die Effektivität des Reproduktionsprozesses in den einzelnen Ländern selbst, ebenso für die Abhängigkeit staatlicher Strukturpolitik von gleichgerichteten oder koordinierten Maßnahmen der Partnerländer. Vor allem über sie realisiert der sozialistische Staat als der souveräne Vertreter der staatlichen ökonomischen Interessen und Repräsentant aller Naturreichtümer und Ressourcen des jeweiligen Landes seine wirtschaftlich-organisatorische Funktion in den Außenwirtschaftsbeziehungen und Integrationsprozessen.[6]

Die Koordinierung der Pläne und die ausgewogene Bilanzierung der zwischen den RGW-Ländern vereinbarten Proportionen, Strukturen und Maßnahmen wird zunehmend zu einer Grundbedingung für die erweiterte sozialistische Reproduktion, ihre dauerhafte Stabilität und Effektivität innerhalb der sozialistischen Gemeinschaft und für jedes ihrer Glieder überhaupt.

Die gewachsenen Dimensionen und die größere Komplexität der zu lösenden Aufgaben innerhalb der Gemeinschaft der RGW-Länder führen dazu, daß die Zusammenarbeit auf dem Gebiet der Planung immer neue Bereiche der Volkswirtschaften der Länder und Ebenen der Wirtschaftsleitung erfaßt.

Die internationale Planungszusammenarbeit erhält dabei zunehmend folgende Charaktermerkmale, die von Theorie und Praxis weiter analysiert werden müssen:

Erstens: Die Zeithorizonte und Dimensionen der Planungszusammenarbeit dehnen sich weiter aus. Die Komplexität der Zusammenarbeit erhöht sich; immer neue Bereiche der Volkswirtschaften der Länder werden erfaßt. Zunehmend wird ein zeitlicher Gleichklang herbeigeführt. Das heißt, die RGW-Länder gelangen planmäßig und schrittweise zu annähernd gleichen Zeithorizonten bei der Lösung gesellschaftlicher und ökonomischer Hauptprozesse, vor allem beim

Übergang zu einer vorwiegend intensiven Wirtschaftsentwicklung in den Ländern, um die sozialpolitischen Programme zu erfüllen.

Zweitens: Die Zusammenarbeit zur Lösung langfristiger Aufgaben nimmt zu. Die RGW-Länder sind dazu übergegangen, gemeinsame längerfristige Konzeptionen bzw. Entwicklungsprogramme für wichtige Bereiche der Wirtschaftsentwicklung, z. B. für die Rohstoff- und Energiewirtschaft bis 1990 auszuarbeiten. Es gibt Vorstellungen, ähnliche Programme auch für die Metallurgie, Zweige der chemischen Industrie und des Maschinenbaus zu erarbeiten sowie das Transportwesen der RGW-Länder gemeinsam zu planen.

Hierbei ist es vom Standpunkt der Langfristigkeit und Komplexität zunehmend von Bedeutung, daß von den partiellen Konzeptionen für die Fünfjahrzeiträume, unterteilt in Jahresanteile, stärker zu langfristigen strukturpolitischen Konzeptionen übergegangen wird. Die langfristigen Programme für wichtige Bereiche der Wirtschaft, die für die Gemeinschaft des RGW erarbeitet werden, führen auch dazu, daß die Länder, einschließlich der DDR, solche langfristigen komplexen Strukturprogramme für die eigene Volkswirtschaft ausarbeiten.

Damit hängt u. a. das in Theorie und Praxis viel umstrittene Problem der Reservebildung zusammen. Es wird die Frage aufgeworfen, in welchem Maße (in welcher Größenordnung) unter den Bedingungen der sozialistischen Planwirtschaft, bei angespannten, bilanzierten Plänen, Material-, Kapazitäts-, Arbeitskräfte-, Währungs- und Kreditreserven geschaffen werden können bzw. unbedingt müssen.

In der Theorie gibt es weitestgehende Einigkeit darüber, daß Wirtschaften, deren Dimensionen von Fünfjahrplan zu Fünfjahrplan um 30—40% zunehmen, über ein flexibles Reservesystem verfügen müssen, um einen reibungslosen Ablauf des pulsierenden Lebens der Reproduktion zu gewährleisten und dabei zugleich auf die Inangriffnahme neuer Aufgaben, die bei Beginn der Fünfjahrpläne nicht oder nur teilweise vorauszusehen waren, vorbereitet zu sein. Weder in der ökonomischen Theorie noch in der Planungspraxis konnten aber bisher gangbare Modelle für die Lösung dieses Problems erarbeitet werden.

Drittens: Die der Produktion vorgelagerten Phasen werden in wachsendem Maße in die planmäßige Zusammenarbeit einbezogen. Von den Planansätzen für Wissenschaft und Technik ausgehend, kann dadurch eine höhere Effektivität der internationalen Arbeitsteilung gesichert werden. Die Rolle der wissenschaftlich-technischen Zusammenarbeit im RGW erhöht sich. Hierzu erfolgt zunehmend eine planmäßige Abstimmung der Grundrichtungen der wissenschaftlich-technischen Entwicklung mit der UdSSR und zwischen den anderen RGW-Ländern, von der Grundlagenforschung über die angewandte Forschung bis zur Einführung moderner Technologien in die Produktion. (So konnten allein auf der Ebene der zuständigen Ministerien und zentralen Staatsorgane der DDR und der UdSSR für den Planzeitraum 1976—1980 rund 500 wissenschaftlich-technische Aufgaben zu einer gemeinsamen Lösung vereinbart werden.)

Viertens: Die Plankoordinierung erfolgt parallel mit der Planvorbereitung im Innern der Länder. Das findet seinen Ausdruck in dem vom Planungskomitee des RGW erstmalig ausgearbeiteten abgestimmten Plan multilateraler Integrationsmaßnahmen für den kommenden Fünfjahrplanzeitraum.

Dieser Plan enthält multilateriale Investitionsobjekte und Maßnahmen der Spezialisierung und Kooperation. Für die Realisierung der in ihm enthaltenen Industrieobjekte sind Investitionen in Höhe von 9 Milliarden transferable Rubel vorgesehen. Diese Summe ist somit bedeutend größer als die Summe der Gesamtinvestitionen der DDR im kommenden Jahr 1976. Es handelt sich demnach um beträchtliche Mittel, über deren künftige, planmäßige Verwendung gemeinsam entschieden wurde.

Mit der Herbeiführung dieser neuen Qualität in der Planungszusammenarbeit zwischen den RGW-Ländern ging ein tiefgreifender Prozeß der Vervollkommnung und Qualifizierung der Planungsarbeit innerhalb der RGW-Länder einher. Die Planung in den Ländern mußte sich von vornherein auf die Ziele und Bedingungen der Integration einstellen, sie mußte von den Ansätzen her gewissermaßen „integrationsfreudiger" gestaltet werden. Ohne Zweifel wurde dabei (insbesondere von den Planungsorganen der RGW-Länder) eine gewaltige Arbeit geleistet.

Fünftens: Die Methoden und Formen der internationalen Planungszusammenarbeit werden zunehmend vervollkommnet. Die engere Planungszusammenarbeit der RGW-Länder unterstützt die Tendenz zu einer weiteren Annäherung der Planungssysteme der Länder. Diese Tendenz wirkt langfristig. Nach unserer Auffassung kann sie nur als Annäherung an das Planungssystem der UdSSR verstanden werden, das sich selbst weiterentwickelt.

Diese fünf Merkmale der internationalen Planungszusammenarbeit beeinflussen entscheidend die stabile Sicherung des Erreichten und die Weiterentwicklung der gemeinsamen Planungstätigkeit der RGW-Länder. Das gilt für alle Formen gemeinsamer Planungstätigkeit, sowohl

– für den abgestimmten Fünfjahrplan mehrseitiger Integrationsmaßnahmen als neue, höhere Form gemeinsamer Planungstätigkeit, als auch
– für die gemeinsame Planung durch die interessierten Länder in den Zweigen, besonders in den internationalen Wirtschaftsvereinigungen.

Die neuen Erfordernisse der Integration veranlassen die RGW-Länder, auch ihre inneren Planungs- und Stimulierungssysteme weiter zu vervollkommnen. Dazu folgende drei Gedanken:

1. Die RGW-Länder haben erstmalig für den Zeitraum 1976 bis 1980 spezielle Planteile „Sozialistische ökonomische Integration" mit ihren Fünfjahrplä-

nen erarbeitet. Diese Planteile beinhalten und bilanzieren die festgelegten und international koordinierten Integrationsmaßnahmen mit den volkswirtschaftlichen Aufgaben des jeweiligen Landes. Damit verbunden ist, daß die notwendigen Mittel für die gemeinsamen Maßnahmen der RGW-Länder in den Jahres- und Fünfjahrplänen objektbezogener und zielgerichteter bereitgestellt werden. Dieser Planteil ist besonders darauf gerichtet, die Erfordernisse und Möglichkeiten der Integration stärker zum Ausgangspunkt der inneren Leitung und Planung in den Ländern zu machen und kontrollfähig abzurechnen.

2. Die Bildung internationaler Wirtschaftsvereinigungen als eine neue, zweig- oder gruppenspezifische Form der Wirtschaftsorganisation im RGW stellt auch die Planung der Länder vor neue Probleme. Bei bilateralen Wirtschaftsorganisationen wie „ASSOFOTO" und noch stärker bei den multilateralen Vereinigungen wie „Interatomenergo", „Intertextilmasch" u. a. führt z. B. die Notwendigkeit, eine gemeinsame Planung anzuwenden, zu neuen Ansprüchen an die Planung in den Ländern und in der Zusammenarbeit.

Dazu gehören unter anderem:

- Qualitativ neue Anforderungen an die staatliche Erfassung der Bedürfnisse und des Bedarfs;
- hohe Genauigkeit, Sicherheit und Stabilität des eigenen Plans sowie Sicherheit für den Partner;
- Abschluß langfristiger Verträge (über 5 Jahre hinaus);
- weitgehend übereinstimmende Vollmachten der Partner, besonders der Zweigleitungen der Industrie;
- Sicherung der Zusammenhänge zur Planung der beteiligten Länder und Vervollkommnung der Paßfähigkeit der staatlichen Planungs-, Bilanz- und Kennziffernsysteme (vor allem an den Nahtstellen der Zusammenarbeit);
- gründliche Analysen darüber, welche Bedingungen geschaffen werden müssen, um in den internationalen Wirtschaftsvereinigungen die wirtschaftliche Rechnungsführung anzuwenden.

3. Eine zunehmende Rolle spielt das Verhältnis von zentraler Leitung und Planung sowie der sachkundigen Mitwirkung der Betriebe und Zweigleitungen. Hierbei geht es um Fragen der Weiterentwicklung und praktischen Anwendung des demokratischen Zentralismus in der Wirtschaft, der Entfaltung der Demokratie im Rahmen einer allseitigen Festigung der zentralen Leitung und Planung. Wir gehen davon aus, daß bei allen Veränderungen die zentrale planmäßige Leitung den Vorrang hat. Das schließt ein, den Produktionseinheiten und Betriebskollektiven den erforderlichen Spielraum für die Entwicklung der Initiative und eigene Entscheidungen zu geben.

In diesem insgesamt komplizierten Bereich der Anwendung des demokratischen Zentralismus in der Wirtschaft gibt es noch beträchtliche Leistungs- und

Wachstumsreserven. Das Grundproblem besteht hierbei darin, daß die vorhandenen Formen der Leitung, Planung und Stimulierung in den RGW-Ländern die Wirtschaftseinheiten noch ungenügend mit dem objektiven Zwang zur Beschleunigung und Vertiefung der sozialistischen ökonomischen Integration konfrontieren, wodurch Grenzen für eine höhere Effektivität und Produktivität gezogen sind.

Wenn hier weiterhin die Forderung erhoben wurde, daß die Verflechtung der Volkswirtschaften trotz der erzielten Fortschritte eine höhere Qualität der gesamten Planungsarbeit erfordert, d. h. der Volkswirtschaftsplanung im Innern der Länder als auch für das System einer gemeinsamen Planung entscheidender Integrationsprozesse, so muß abschließend betont werden:

Die Kompliziertheit und Verantwortung der theoretischen Forschung und der praktischen Arbeit an der weiteren Vervollkommnung der Leitung, Planung und Stimulierung im Zusammenhang mit diesen drei Fragen wird dadurch unterstrichen, daß wir keinen Schritt allein von den Bedingungen der DDR ausgehen können, sondern immer nur als Teil einer Annäherung der Leitungs-, Planungs- und Stimulierungssysteme der RGW-Staaten.

Ein nächster Schritt muß sein, vor allem die Nahtstellen und jeweiligen Schwerpunkte der Zusammenarbeit sowie bestimmte Formen, die den Integrationsprozeß stimulieren, paßfähiger zu gestalten.

Ich habe hierbei das ganze komplizierte Problem der Ware-Geld-Beziehungen, der Außenhandelspreise, der Valuta- und Finanzbeziehungen und ihrer planmäßigen Entwicklung ausgespart.

Es wäre wert, Gegenstand eines gesonderten Vortrages zu sein.

3. Zu einigen Schlußfolgerungen und Aufgabenstellungen für die Forschung

Der gegenwärtige Entwicklungsstand der Integration im RGW und die bisherigen Ergebnisse der gesellschaftswissenschaftlichen Forschung zu diesen Problemen werfen eine Reihe weiterer Fragen auf, die einer gründlichen Analyse und theoretischen Verallgemeinerung bedürfen. Die Ergebnisse der theoretischen Arbeit sind dabei von entscheidender Bedeutung für die richtigen wirtschaftspolitischen Zielstellungen.

Die Erkenntnis der objektiven ökonomischen Gesetze des Sozialismus in ihrer konkreten Gestalt und Wirkungsweise ist bekanntlich kein einmaliger Akt. Vielmehr ist die Erkenntnis der objektiven Welt ein unendlicher Prozeß und dabei stets mit der konkreten gesellschaftlichen Praxis verbunden.

Wir betrachten es als eine wichtige Aufgabe der Theorie, zu Fragen der sozialistischen ökonomischen Integration Vorlaufüberlegungen zur Gestaltung der

Integrationsprozesse zu erarbeiten, deren Erkenntniswert natürlich stets an der jeweiligen Praxis überprüft werden muß. Das heißt, unsere Theorie soll vor allem zukunftsorientierend sein, damit „... diese Theorie (wie Lenin das einmal forderte) in den wichtigsten Augenblicken der Revolution des Proletariats anzuwenden ...“ geht.[7]

Von dieser Grundposition ausgehend, sehen wir im Wissenschaftlichen Rat für Fragen der sozialistischen ökonomischen Integration bei der Akademie der Wissenschaften der DDR vor allem folgende 5 Fragenkomplexe, die einer weiteren Untersuchung bedürfen:

1. Analyse der Gesetzmäßigkeiten, des Wesens, der Formen und Methoden zur Herausbildung und Entfaltung sozialistischer Produktionsverhältnisse im internationalen Rahmen. Wie vollziehen sich die Annäherungs- und Angleichungsprozesse des ökonomischen Niveaus im RGW-Bereich weiter? Besonders geht es dabei um theoretischen Vorlauf zur Entfaltung des Eigentums an den Produktionsmitteln im internationalen Maßstab.

2. Erarbeitung größerer Klarheit darüber, welche Wege und Methoden zur Vervollkommnung der Volkswirtschaftsplanung entsprechend den Erfordernissen der sozialistischen ökonomischen Integration erforderlich sind. Es geht hier um die weitere Ausprägung des demokratischen Zentralismus in der Wirtschaft bei zunehmender sozialistischer ökonomischer Integration.

Dazu zählen solche Teilprobleme wie die Einbeziehung der Integrationsprozesse in die Planung auf verschiedenen Ebenen der Volkswirtschaft, vor allem in den Kombinaten und Betrieben sowie die Erarbeitung von Voraussetzungen für die Annäherung der Formen und Methoden der Leitung und Planung unter Zugrundelegung der Erfahrungen der UdSSR.

Ein 3. Fragenkomplex umfaßt die Erarbeitung von Bedingungen für die Errichtung und das effektive Funktionieren von gemeinsamen Wirtschaftsorganisationen bzw. Wirtschaftsvereinigungen mehrerer RGW-Länder.

Dabei geht es u. a. um die Beantwortung solcher Fragen:

- Wie soll die Leitung und Planung dieser Vereinigungen erfolgen?
- Welche Eigentumsbeziehungen entwickeln sich?
- Wie können die wirtschaftliche Rechnungsführung oder einzelne Teile angewandt werden, wenn die konkreten ökonomischen Regelungen in den Ländern zum Teil noch so bedeutende Unterschiede aufweisen, wie gegenwärtig?

Zu diesem Komplex gehört auch die theoretische Beantwortung der Frage, wie sich die gemeinsamen Produktionsbetriebe (die bisher einzeln, gewissermaßen als Experimentalform bestehen) weiterentwickeln, wie sie richtig in unseren gegenwärtigen und künftigen Zeitabschnitt der Entwicklung des Sozialismus einzuordnen sind.

4. Weitere Durcharbeitung der gesamten Strukturproblematik im RGW-Bereich. Hieraus muß sich die theoretische Begründung weiterer langfristiger Entwicklungsprogramme für lebenswichtige und dynamische Bereiche der Reproduktion ergeben. Besonders sei hier erinnert an die langfristige Lösung der Rohstoff- und Brennstoffproblematik, der Ernährungsfragen, eine hocheffektive Entwicklung des Anlagen-, Transport- und Landmaschinenbaus, der chemischen Industrie, der Infrastruktur, des Umweltschutzes und anderer für das menschliche Leben überhaupt und die Stabilität, Dynamik und Effektivität des sozialistischen Systems wichtiger Bereiche.

5. Einen weiteren und in meinen Ausführungen letzten Schwerpunkt bildet die tiefere Analyse der Ware-Geld-Beziehungen. Hierbei geht es vor allem darum, stärker herauszuarbeiten, wie die Außenhandelsbeziehungen, die Preisgestaltung im Außenhandel, das Valuta- und Kreditsystem, die Valutakurse usw. im Rahmen der Planungszusammenarbeit stärker für die Beschleunigung des wissenschaftlich-technischen Fortschritts, die Steigerung der Arbeitsproduktivität und Senkung der Kosten als entscheidende Voraussetzungen für die weitere Erhöhung des materiellen und kulturellen Lebensniveaus und die weitere Annäherung der sozialistischen Völker genutzt werden können.

Auf einer tiefgreifenden Analyse des erreichten Standes aufbauend, müssen wir in allen diesen wichtigen Fragen im Verlaufe der nächsten 8 bis 10 Jahre zu jenen Modellvorstellungen bzw. Vorstellungen für das nächste Komplexprogramm vordringen, das in den letzten 10 Jahren unseres Jahrhunderts die (über das Maß des bisher Beschlossenen hinaus) weitergehenden Integrationsprozesse in der Gemeinschaft des RGW entscheidend vorausbestimmen wird.

Diese Aufgaben für die Integrationsforschung sind selbstverständlich nur in Gemeinschaftsarbeit zwischen verschiedenen gesellschaftswissenschaftlichen Disziplinen und in internationaler Gemeinschaftsarbeit mit Forschungseinrichtungen der UdSSR und anderer sozialistischer Länder lösbar.

Dabei sollten wir nicht vor den schwierigen Fragen zurückweichen. Gerade in der Integrationsforschung, wo bei jeder untersuchten Frage kompliziertеste Probleme und vor allem Länderinteressen berührt werden, zuweilen auch unterschiedliche Interessen, gibt es manche Tabus, darunter auch solche, die vor vielen Jahren errichtet und seitdem nicht genügend kritisch überprüft wurden.

Gerade an diesen neuralgischen Punkten, von denen ich einige angedeutet habe, liegen zuweilen große Leistungsreserven für die Gemeinschaft des RGW verborgen. Es sei mir gestattet, meinen Vortrag gerade deshalb mit einem Lenin-Zitat zu beenden, einem Zitat aus der Prawda anläßlich des 4. Jahrestages der Oktoberrevolution. Es heißt dort: „Die beste Art, den Jahrestag der Großen Revolution zu feiern, ist, die Aufmerksamkeit auf ihre ungelösten Aufgaben zu konzentrieren.“[8]

Anmerkungen

1. W. I. Lenin, Werke, Bd. 21, S. 26.
2. K. Marx, Entwürfe zum „Bürgerkrieg in Frankreich", in: MEW, Bd. 17, S. 546.
3. MEW, Bd. 20, S. 295.
4. Vgl. dazu auch J. S. Schirjajew, Die sozialistische ökonomische Integration, Berlin: Dietz 1973, S. 23.
5. G. Kohlmey: Ökonomische Theorie und sozialistische Integration. Sitzungsberichte der Akademie der Wissenschaften der DDR, Akademie-Verlag Berlin, 1 G/1975, S. 23.
6. Vgl. dazu auch: Probleme der sozialistischen ökonomischen Integration, Sitzungsberichte, a. a. O., 14/1973, S. 25.
7. W. I. Lenin, Der ‚linke Radikalismus', die Kinderkrankheit im Kommunismus, Werke, Bd. 31, S. 57.
8. W. I. Lenin, Über die Bedeutung des Goldes jetzt und nach dem vollen Sieg des Sozialismus, Werke, Bd. 33, S. 90 ff.

Jürgen Kuczynski

Weltkapitalismus und Wirtschaftskrise

„Die Zukunft ist auch nicht mehr, was sie war" bemerkte ein Herr der westlichen Welt von seinem Standpunkt aus sehr richtig. Und so verwundert es auch nicht, daß kürzlich in England ein Buch mit dem Titel „How to avoid the future?", wie man die Zukunft vermeiden kann, erschienen ist. Der Verfasser heißt Gordon Rattray, und er ist gegen die Unvernunft der Gewerkschaften ebenso wie gegen die Knappheit der Rohstoffe und der Energie. Sein Rezept gegen die Zukunft lautet: Habt ein soziales Gewissen und seid lieb zueinander!

So kümmerlich dieses Rezept und auch die Analyse der Ursachen und Symptome der unheilbaren Krankheit des Kapitals, so richtig ist doch die Schlußfolgerung: man muß alles tun, um die Zukunft des Kapitalismus zu vermeiden. Alle fortschrittlichen Menschen arbeiten auch in dieser Richtung. Nur der Sturz der Herrschaft des Kapitals, insbesondere des Machtsystems der Monopole, sichert der Menschheit eine Zukunft.

1. Die neue Phase der allgemeinen Krise

Die Industrieproduktion, das Kernstück der kapitalistischen Wirtschaft, entwickelte sich in den letzten 115 Jahren so:

Jährliche Steigerungsrate der Industrieproduktion

1860 bis 1880	3,2%
1880 bis 1900	4,0%
1900 bis 1913	4,2%
1913 bis 1938	2,2%
1938 bis 1969	4,2%
1969 bis 1975	2,2%

Nachdem die Steigerungsrate der Industrieproduktion bis zum ersten Weltkrieg zugenommen hatte, sank sie um fast die Hälfte mit dem offenen Ausbruch der allgemeinen Krise des Kapitalismus.

Mit dem Ausbruch des zweiten Weltkrieges stieg sie jedoch von neuem auf das Niveau der Jahre vor dem ersten Weltkrieg — um dann mit dem Beginn der neuen Phase der allgemeinen Krise, in den siebziger Jahren, wieder auf das Niveau der ersten Jahrzehnte der allgemeinen Krise des Kapitalismus abzufallen.

Die „Episode“ der fünfziger und sechziger Jahre ist vorbei. Sie war verursacht vor allem durch den Wiederaufbau der durch den Krieg zerstörten Betriebe, Gebäude und Straßen Westeuropas in den fünfziger Jahren und durch die starke Rüstungssteigerung in den USA und in Westeuropa in den sechziger Jahren. Beide Faktoren haben nun ihre produktionssteigernde Wirksamkeit verloren.

Es ist typisch für den Zustand der kapitalistischen Wirtschaft, daß nur noch Kriegszerstörungen und Kriegsvorbereitung durch starke Erhöhung der Rüstung eine Steigerung der Produktion in einem Tempo, das dem vor dem offenen Ausbruch der allgemeinen Krise entspricht, bewirken können. Jedoch ist das keine neue Erfahrung; sie wurde bereits mit dem faschistischen Deutschland gemacht.

Mit den siebziger Jahren begann wieder der durch die allgemeine Krise verursachte normale Zustand der Depression der Industrieproduktion und zugleich trat auch wieder die seit dem Ende der Industriellen Revolution in den Hauptländern des Kapitalismus übliche Erscheinung der internationalen zyklischen Überproduktionskrise auf.

Doch bestehen wesentliche Unterschiede zwischen der ersten Etappe der allgemeinen Krise des Kapitalismus, zwischen den zwanziger und dreißiger Jahren, und der gegenwärtigen neuen Phase.

Untersuchen wir die Verteilung der Industrieproduktion in der Welt seit dem Beginn der allgemeinen Krise des Kapitalismus, seit 1900, als sie erst zu schwelen begann und noch nicht offen ausgebrochen war, bis zur Gegenwart:

Anteil der Weltindustrieproduktion (%)

	1900	1937	1975
Imperialistische Länder	84	81	50
Sozialistische Länder	—	10	40
Entwicklungsländer	16	9	10

Der Anteil der imperialistischen Länder an der Weltproduktion von Industriewaren ist ständig gesunken — besonders stark nach dem zweiten Weltkrieg. Der Anteil der Entwicklungsländer, der von 1900 bis 1937 stark abgefallen war, hat sich von 1937 bis 1975 wieder leicht erhöht. Der Anteil der sozialistischen

Länder ist enorm heraufgegangen. Es sollte nicht überraschen, wenn im Laufe der achtziger Jahre der Anteil der sozialistischen Länder den Anteil der imperialistischen Länder übersteigen wird.

Untersuchen wir noch das Verhältnis der imperialistischen Länder und der Entwicklungsländer, dann ergibt sich allein für die kapitalistische Welt:

Anteil an der kapitalistischen Weltindustrieproduktion (%)

	1900	1937	1975
Imperialistische Länder	84	90	84
Entwicklungsländer	16	10	16

1937 hatte der Anteil der Entwicklungsländer (ein Ausdruck, der in Wirklichkeit damals nur auf einen kleinen Anteil der heute so genannten Länder zutraf, da so viele von ihnen damals ganz und gar keine Entwicklung habende Kolonien waren, reine Ausbeutungsgebiete darstellten) einen Tiefpunkt erreicht. Ihr Anteil an der kapitalistischen Weltproduktion war von 15% im Jahre 1850, von 17% im Jahre 1870, von 16% in den Jahren 1900 und 1913 unter dem Druck der monopolkapitalistischen Ausbeutung auf 10% im Jahre 1937 abgesunken. Nach der politischen Befreiung der Kolonien, vor allem in den Jahren von 1947 bis 1960, und mit der beginnenden ökonomischen Befreiung in den siebziger Jahren ist ihr Anteil wieder stetig gestiegen.

Wahrhaft deutlich ist der Unterschied der Verteilung der wirtschaftlichen Kräfte der Welt in der Zeit zwischen den beiden Weltkriegen, in der das Entwicklungstempo der kapitalistischen Industrieproduktion etwa 2% jährlich betrug, und der Gegenwart der neuen Phase der allgemeinen Krise des Kapitalismus, in der das Entwicklungstempo etwa das gleiche ist. Heute ist die Weltwirtschaftskraft des Imperialismus wahrlich arg zusammengeschmolzen im Vergleich zu den zwanziger und dreißiger Jahren und steht unter dem Druck vor allem der Entwicklung der sozialistischen, aber auch der Entwicklungsländer.

Zugleich haben außerordentliche Verschiebungen der Wirtschaftsstärke innerhalb der imperialistischen Länder stattgefunden:

Anteil an der gesamten Weltindustrieproduktion (%)

	1900	1937	1975
USA	31	38	24
Großbritannien	18	10	3
Deutschland bzw. BRD	16	11	5
Frankreich	7	4	3
Japan	1	4	6

Um 1900 war die Position Großbritanniens noch fast dreimal so stark wie die Frankreichs, heute stehen sie etwa gleich stark da; 1900 stand Japan an letzter Stelle unter den imperialistischen Ländern und wurde von Deutschland um rund das sechzehnfache übertroffen, heute rangiert Japan unmittelbar hinter den USA als kapitalistische Industriemacht. 1900 war die Position von Großbritannien und Deutschland zusammengenommen noch stärker als die der USA, heute erreicht die gemeinsame Stärke der BRD und Großbritanniens gerade ein Drittel der Position der USA.

Man kann sich leicht vorstellen, zu welchen Erschütterungen und Spannungen dieser Positionswechsel zwischen den verschiedenen imperialistischen Ländern im Verlauf der allgemeinen Krise des Kapitalismus geführt hat, und wie anders die Welt des Kapitals heute, in der neuen Phase der allgemeinen Krise, als etwa um 1937 oder 1900 aussieht.

Auf der anderen Seite muß man sehen, zu welchen Veränderungen der absoluten Position die Verstärkung des Gewichts der sozialistischen Länder geführt hat. Der Anteil der USA an der Weltindustrieproduktion ist von fast zwei Fünftel im Jahre 1937 auf weniger als ein Viertel im Jahre 1975 gesunken. Er beträgt 1975 etwa ebensoviel wie 1875! Der Anteil Großbritanniens ist um fünf Sechstel, von 18 auf 3%, zurückgegangen.

Jedoch dürfen wir nicht vergessen, daß es sich hier um reine Quantitäten der Industrieproduktion handelt. Betrachten wir eine wichtige Qualität der Produktion, die Arbeitsleistung pro Arbeiter und Stunde, vielfach auch Produktivität genannt, dann sieht das Bild in mancherlei Beziehung anders aus, insbesondere wenn wir zwischen militärischer und ziviler Produktion unterscheiden.

Was die Leistung und Technologie der militärischen und paramilitärischen Produktion betrifft, so stehen die USA in der kapitalistischen Welt nicht nur an der Spitze, sondern es ist so, daß, wenn wir von den sogenannten konventionellen Waffen absehen, alle anderen kapitalistischen Länder einzeln und zusammengenommen überhaupt nicht zählen. In der zivilen Produktion dagegen haben die USA, die in den fünfziger Jahren, genau wie zwischen den beiden Weltkriegen, in der Arbeitsleistung an der Weltspitze standen, allen anderen entwickelten kapitalistischen Ländern gegenüber mehr und mehr an Position verloren. Wie ist das zu erklären? Wohl so:

In den USA sind rund 50% aller Naturwissenschaftler und Technologen mit der Rüstungsproduktion, das heißt mit etwa 5% der Industrieproduktion beschäftigt; die übrigen 50% widmen 95% der Industrieproduktion, der zivilen Produktion, ihre Arbeitskraft. In der Rüstungsproduktion ist die Intensität der Verwendung von Naturwissenschaftlern und Technologen als Produktivkraft also rund zwanzigmal so groß wie in der Zivilproduktion.

Im Gegensatz dazu sind die japanischen Ausgaben für militärische Zwecke minimal, und das entsprechende geistige Potential wurde fast hundertprozentig auf die zivile Produktion verwendet, so daß Japan heute in der Technologie der zivilen Industrieproduktion an der Weltspitze liegt.

Zwischen Japan und den USA liegen sowohl hinsichtlich der Verwendung von Naturwissenschaftlern und Technologen für militärische Produktion wie auch hinsichtlich der Produktivität in der Zivilproduktion die EG-Staaten Westeuropas. —

Kehren wir abschließend noch einmal zu einer Betrachtung der Gesamtposition der imperialistischen Mächte unter anderem Gesichtspunkt als dem der Industrieproduktion zurück:

Anteil der imperialistischen Mächte, einschließlich Kolonien, an der Fläche aller Länder und ihrer Bevölkerung (%)

	Fläche	Bevölkerung
1900	62	64
1937	45	55
1975	17	18

Wie deutlich wird auch hier der Verfall der Macht des Imperialismus im Verlauf der allgemeinen Krise des Kapitalismus!

Doch müssen wir noch zwei Elemente der neuen Phase der allgemeinen Krise nennen, um ihre bisher wichtigsten ökonomischen Charakteristika zu geben:

Das sind erstens die Inflation und zweitens die Währungswirren.

Die Internationalität der Wirtschaftskrise ist eine Erscheinung, die wir seit 1857 kennen. Die Internationalität der Inflation aber, und zwar als anscheinend ständigen Begleiter des Monopolkapitals und ebenso die internationalen Währungswirren sind eine Erscheinung der neuen Phase der allgemeinen Krise des Kapitalismus, die ökonomisch eine erneute besonders ernste Schwächung des Kapitalismus bedeuten.

2. Die internationale Wirtschaftskrise

Die gegenwärtige internationale Wirtschaftskrise ist die stärkste seit 40 Jahren, seit der Großen Wirtschaftskrise von 1929/33. Sie ist aber auch, was oft nicht beachtet wird, die zweitstärkste seit 100 Jahren, seit der Krise von 1873/75.

Sie wurde, wie alle zyklischen Überproduktionskrisen, verursacht durch das Streben des Kapitals nach schrankenloser Ausdehnung der Produktion und der relativen Beschränktheit der Kaufkraft, das heißt der Absatzmöglichkeiten auf dem Markt, insbesondere infolge der Beschränkung der Kaufkraft der Werktätigen durch das Kapital.

Es hat wenig Sinn, hier heute ephemere Zahlen über die Entwicklung der zyklischen Überproduktionskrise zu geben, zumal wir nicht übersehen können, wie lange sie noch dauern wird. Es genügt, um ihre Schärfe anzudeuten, zu sagen, daß in den führenden imperialistischen Ländern die Industrieproduktion seit ihrem Höhepunkt im Jahre 1973 bzw. Anfang 1974 bisher um 10 bis 20% zurückgegangen ist, daß große Kapitalunternehmen, Industriekonzerne, wie Finanzinstitutionen, wie ganze Städte vom Staat finanziell vor dem Bankrott gerettet oder ganz von ihm übernommen werden mußten oder faktisch zusammenbrachen, wozu man wohl bemerken sollte, daß sogar multinationale Konzerne wie die AEG oder Philips in Bedrängnis gerieten.

Doch auf zwei Faktoren von großer Bedeutung auch für die Zukunft muß hier hingewiesen werden.

Einmal auf den starken Rückgang des Welthandels im Jahre 1975 und sodann auf die so bedeutende Steigerung der Arbeitslosigkeit.

Der Welthandel und mit ihm die internationale Arbeitsteilung hatten in den Jahren nach dem zweiten Weltkrieg ganz stark zugenommen. Die Zunahme der internationalen Arbeitsteilung bedeutet, daß der Welthandel stärker steigt als die Produktion von industriellen und landwirtschaftlichen Produkten.

1975 entwickelte sich nun, soweit wir das übersehen können, zum ersten Male seit 30 Jahren der Welthandel ungünstiger als die Weltproduktion, der Welthandel ging schneller zurück als die Weltproduktion, während 1974 der Welthandel noch stieg bei stagnierender Weltproduktion, und 1973 der Welthandel wie in den vorangehenden Jahren stärker heraufging als die Weltproduktion. Das heißt, 1975 ging zum ersten Male seit 1945 die internationale Arbeitsteilung in der Welt des Kapitals zurück.

Wenn wir daran denken, daß von der gesamten Weltproduktion an Sachgütern ausgetauscht wurden:

1850–1859	14%
1890–1899	23%
1930–1939	19%
1970–1974	31%

dann ist dieser erste Rückgang nach dem Kriege ein ernstes Anzeichen, auf dessen ganze Bedeutung wir noch zu sprechen kommen werden.

Was die Arbeitslosigkeit betrifft, so ist sie stark gestiegen. In allen großen imperialistischen Ländern Westeuropas beträgt sie heute weit über eine Million. Aber sie ist nicht höher als dem Rückgang der Produktion entspricht.

Wenn wir uns jedoch folgende Tabelle für die BRD ansehen:

Von allen Kapitalinvestitionen kamen in Prozent

	1970	1975
auf Erweiterung	etwa 55	etwa 30
auf Rationalisierung	etwa 35	etwa 45
auf Ersatzbeschaffung	etwa 10	etwa 25

dann deutet der stark gewachsene Anteil der Rationalisierungsinvestitionen auf eine erhebliche Steigerung der Arbeitsleistung bzw. Produktivität in den nächsten Jahren hin, auf einen relativ stark sinkenden Bedarf von Arbeitskräften pro produzierte Einheit.

3. Prognose für die Zukunft

„Genieße die Krise! Der Aufschwung wird schrecklich werden" — das war nach einem Bericht der „International Herald Tribune" vom 12. Juni 1975 die Losung einer dreitägigen Konferenz, zu der die American Bankers' Association Finanzexperten aus aller Welt des Kapitals nach Amsterdam eingeladen hatte.

Das Gefühl, das hinter dieser Losung steht, ist, daß dem Kapital unabhängig von der zyklischen Überproduktionskrise, die ja im allgemeinen kein Jahr dauert und gegenwärtig schon ungewöhnlich lange währt, schlimme Wirtschaftszeiten bevorstehen, auch wenn die Produktion wieder ansteigt.

Schon im „horizont" Nr. 20 vom Mai 1970 schrieb ich einen Artikel unter der Überschrift „Die Siebziger — Jahrzehnt steigender Arbeitslosigkeit", in dem ich erklärte, daß voraussichtlich die Produktivität in diesem Jahrzehnt schneller steigen würde als die Produktion und sich so eine hohe Dauerarbeitslosigkeit, wie wir sie in den zwanziger und dreißger Jahren hatten, ergeben würde.

In der Nummer 32 der gleichen Zeitschrift, die im August 1970 erschien, stellte ich die Frage, ob wir nicht innerhalb der dritten Etappe der allgemeinen Krise des Kapitalismus einer Periode der „absoluten Labilität des Kapitalismus", die ich der Periode der „relativen Stabilisierung" von 1924 bis 1928 in der Etappe der allgemeinen Krise gegenüberstellte, entgegengingen. Mit dieser Formulierung sollte „angedeutet werden, daß wir möglicherweise einer Periode entgegengehen, in der alles ins Rutschen, ins Wanken und durcheinander kommt: die Wirtschaft des Kapitalismus, die Ideologie, die Handhabung des Machtapparats, ja der Machtapparat selbst".

In der Tat haben sich die ersten fünf der siebziger Jahre in der Richtung entwickelt, die wir während des Jahres 1970 in „horizont" wie anderswo angedeutet haben. Öfter hatten wir formuliert: Die Jahre zwischen den beiden Weltkriegen werden sich in den siebziger und achtziger Jahren auf tieferer, zerklüfteterer, noch widerspruchsvollerer Ebene wiederholen.

Die Produktion wird wesentlich weniger steigen als in den fünfziger und sechziger Jahren, wahrscheinlich wieder auf das Niveau eines jährlichen Wachstums von 2% zurückkehren.

Da aber der wissenschaftlich-technische Aufschwung fortdauern wird, ja sich unter dem Druck der Rationalisierungskonkurrenz durchaus noch beschleunigen kann, wird die Arbeitslosigkeit einen hohen Dauerstand haben, auch wenn in einzelnen Jahren die Produktion stärker ansteigen sollte.

Der Welthandel kann sehr wohl auch in Zukunft langsamer zunehmen als die Produktion, wie es ja auch zwischen den beiden Weltkriegen der Fall war, da die verschiedenen kapitalistischen Länder bei der niedrigen Steigerungsrate der Produktion versuchen werden, sich einen möglichst großen Anteil am Binnenmarkt zu sichern und vor der Anwendung von protektonistischen Maßnahmen nicht zurückscheuen werden, Das heißt, während in den fünfziger und sechziger Jahren (ja bis 1974, denn der Außenhandel pflegt hinter dem allgemeinen Trend hinterherzuhinken) der Außenhandel durch seine besonders schnelle Steigerung der Produktion und der internationalen Arbeitsteilung noch einen besonderen Schwung gab, wird er jetzt noch zusätzlich zu anderen Faktoren auf sie drücken.

1933 entwickelte der große sowjetische Ökonom Eugen Varga die Ansicht, daß es in den der Krise nachfolgenden Jahren eine große, viele Jahre dauernde Depression geben würde.

Eine solche große Depression, natürlich unterbrochen durch gelegentliche Produktionssteigerungen, unter Umständen auch durch kurzfristige steile Steigegerungen, dann zumeist wohl verbunden mit heftiger Inflation, scheint mir in den siebziger und achtziger Jahren bevorzustehen, verbunden mit einer weiteren Einschränkung des Herrschaftsbereichs des Kapitals! Denn eine solche Entwicklung läßt auch große soziale Bewegungen, heftige Klassenkämpfe erwarten, läßt es als nicht unwahrscheinlich erscheinen, daß, wenn die Arbeiterklasse im heute noch vom Kapital beherrschten Teil der Welt ihrer historischen Aufgabe gerecht wird, die Weltkarte, auf der die sozialistischen Länder mit Rot, die vom Kapital beherrschten mit Schwarz eingezeichnet sind, schon in gar nicht so ferner Zukunft eine ganz andere Färbung zeigen wird, als es heute der Fall ist.

Wohl bewußt der Gefahren, die eine solche Verschärfung der allgemeinen Krise des Kapitalismus hinsichtlich der Auslösung von Kriegen und der Errichtung von faschistischen Regimen durch das Monopolkapital bedeutet, wohl gewappnet gegen diese Gefahren, können wir der Zukunft voller Zuversicht und mit revolutionärem Elan entgegenschreiten.

Max Schmidt

Zu einigen aktuellen Fragen der Wirtschaftsbeziehungen zwischen sozialistischen Staaten und kapitalistischen Industrieländern

1. Die von den Ländern der sozialistischen Staatengemeinschaft angestrebte Verstärkung der ökonomischen Zusammenarbeit ist keine taktisch bedingte oder aus kurzfristigen Interessen geborene Linie, sondern ein Element ihrer langfristigen strategischen Orientierung auf die ökonomische Stärkung des Sozialismus, auf die Durchsetzung der Politik friedlicher Koexistenz zwischen Staaten unterschiedlicher Gesellschaftsordnung, auf die Festigung und Ausdehnung ihrer Positionen in der Weltwirtschaft. Sie gründet sich auf die Leninschen Hinweise zur bewußten Ausnutzung des objektiven Charakters der Prozesse der internationalen Arbeitsteilung für die Stärkung des Sozialismus und zu den ökonomischen Verbindungen mit kapitalistischen Ländern als Bestandteil und Mittel der Politik der friedlichen Koexistenz.

Ausgehend von den objektiven Prozessen in der Internationalisierung des Wirtschaftslebens, vor allem unter den Bedingungen der wissenschaftlich-technischen Revolution und unter Beachtung der Tatsache, daß die Wirtschaftsbeziehungen zwischen Staaten verschiedener gesellschaftlicher Ordnung ein Feld der internationalen Auseinandersetzung zwischen den gegensätzlichen Gesellschaftssystemen darstellen, ist die Politik der sozialistischen Staatengemeinschaft bei der Entwicklung von Wirtschaftsbeziehungen zu kapitalistischen Staaten darauf gerichtet

- zur weiteren ökonomischen Stärkung der sozialistischen Staatengemeinschaft durch zusätzliche Wachstumsfaktoren, die sich aus der internationalen Arbeitsteilung ergeben, beizutragen;
- die internationalen Positionen des Sozialismus im ökonomischen Wettbewerb mit dem Kapitalismus zu stärken, der darauf gerichtet ist, in den nächsten 4 bis 5 Fünfjahrplänen das ökonomische Übergewicht über den Kapitalismus zu erreichen;
- bessere materielle Grundlagen für die Durchsetzung der Politik der friedlichen Koexistenz zu schaffen, wobei die Forcierung jener Tendenzen in der Monopolbourgeoisie eine erhebliche Rolle spielt, die eine stärker realistische Politik

gegenüber dem Sozialismus und einer normalen Zusammenarbeit an den Tag legen bei gleichzeitiger Zurückdrängung des Einflusses betont reaktionärer Kreise;
- den Prozeß der Erringung und Stärkung der ökonomischen Unabhängigkeit der Entwicklungsländer zu unterstützen und die Auswirkungen kapitalistischer Krisen auf die Werktätigen kapitalistischer Länder zu mildern (z. B. durch Sicherung von Arbeitsplätzen);
- den Einfluß des Sozialismus auf die Struktur des Weltmarktes und die Neugestaltung der internationalen Wirtschaftsbeziehungen auszudehnen;
- zur Lösung globaler Probleme im Interesse des Menschheitsfortschritts beizutragen.

Die ökonomischen Beziehungen zwischen den Staaten der sozialistischen Gemeinschaft und den kapitalistischen Staaten bauen auf der weiteren Entwicklung der sozialistischen ökonomischen Integration auf. Ihr Rückgrat bildet die weitere Stärkung und Festigung des RGW, die konsequente Durchsetzung des Komplexprogrammes.

Wir gehen davon aus, daß die Prinzipien der friedlichen Koexistenz selbst den Inhalt der ökonomischen Beziehungen bestimmen müssen.

Das bedeutet vor allem:

- die Beziehungen haben sich als Beziehungen zwischen souveränen, gleichberechtigten und selbständigen Staaten unter Beachtung der in jedem Lande geltenden Gesetze und der bestehenden Ordnung, ohne Einmischung in die inneren Angelegenheiten und ohne Benachteiligung der Interessen dritter Länder zu vollziehen;
- sie müssen frei sein von Diskriminierungen jeglicher Art und den Prinzipien des gegenseitigen Vorteils und der Meistbegünstigung entsprechen;
- die Wirtschaftsbeziehungen müssen auf stabiler, langfristiger Grundlage beruhen unter Beachtung der zwischen den Regierungen vereinbarten kommerziellen Bedingungen;
- das Ziel der internationalen Arbeitsteilung muß darin bestehen, ein solches System gegenseitiger Wirtschaftsbeziehungen zu schaffen, das es jedem Land ermöglicht, auf rationellste und effektivste Weise seine Produktivkräfte zu entwickeln und seinen Lebensstandard zu erhöhen, indem es nicht nur die Ressourcen seines eigenen Landes einsetzt, sondern auch diejenigen der Arbeitsteilung nutzt.[1]

2. Im Verlaufe der letzten Jahre hat der Übergang vom „kalten Krieg" zur Entspannung günstige Bedingungen dafür geschaffen, daß sich der Wirtschaftsaustausch zwischen sozialistischen Staaten und kapitalistischen Industrieländern Europas erheblich erweiterte und intensivierte. Führende Staaten Westeuropas

mußten ihre diskriminierenden Handelsregimes teilweise abschwächen, es wurde die Orientierung auf ein langfristiges Herangehen an die Fragen ökonomischer Zusammenarbeit mit sozialistischen Staaten sichtbar. Die Länder des RGW ihrerseits unternahmen und unternehmen bedeutende Anstrengungen zur Entwicklung ihrer Exportbasis. So wurden die ökonomischen Ost-West-Beziehungen zu einem sich stark entwickelnden Sektor des internationalen Wirtschaftsaustauschs.

Der Warenexport der OECD-Länder in die sozialistischen Länder in Europa stieg z. B. von 1960 bis 1973 (in laufenden Preisen gerechnet) auf mehr als das Fünffache. Das Tempo der Zuwachsraten des gesamten Handels zwischen sozialistischen und kapitalistischen Ländern erhöhte sich besonders in der ersten Hälfte der siebziger Jahre. Es betrug 1973 = 30%, 1974 über 40%. Das bedeutet — bei Eliminierung des inflationären Preisauftriebs — eine reale Steigerungsrate von etwa 10 bis 12%. Auch für 1975 ist mit einem erheblichen Anwachsen des Ost-West-Wirtschaftsaustauschs zu rechnen — und das angesichts der Tatsache, daß der Handel der kapitalistischen Länder untereinander sich 1974 nur gering steigerte und 1975 absolut zurückgegangen ist.

Zugleich entwickeln sich die Formen der Zusammenarbeit, neue bilden sich heraus. Sie sind längerfristig, haben größere Dimensionen angenommen. Projekte großen Umfangs werden zwischen einigen Staaten realisiert. Neue Formen der Zusammenarbeit in Wirtschaft, Wissenschaft und Technik entwickeln sich, die über den Rahmen der Zirkulationssphäre hinausgehen und sich teilweise direkt auf die Produktionssphäre erstrecken. Die ECE gab die Zahl der Kooperationsvorhaben zwischen Ost- und Westeuropa mit etwa 800 an. Neue Mechanismen und entsprechende Institutionalisierungen (gemischte Kommissionen, Wirtschaftsräte usw.) entstehen. Finanzierungen der Geschäfte bzw. Projekte vollziehen sich in neuen Formen und Dimensionen.

Für die 2. Hälfte der siebziger Jahre kann mit einem weiteren Wachstum des gegenseitigen Warenaustausches und der Entwicklung des Volumens der anderen Formen wirtschaftlicher Zusammenarbeit gerechnet werden. Wahrscheinlich sind die realen Tempi des Anwachsens jedoch etwas niedriger als in den vorangegangenen 5 Jahren. Die Perspektiven der ökonomischen Beziehungen müssen im Zusammenhang mit der Realisierung der Festlegungen der KSZE gesehen werden. Ihre Umsetzung ist zweifellos ein längerer, aber zugleich doch realer Prozeß. In diesem Zusammenhang werden solche Gebiete der Zusammenarbeit an Bedeutung gewinnen wie die Realisierung gesamteuropäischer Projekte, die Investitionspolitik, die Erweiterung des Austausches von Erzeugnissen der verarbeitenden Industrie, die wissenschaftlich-technische Zusammenarbeit einschließlich der Forschung, die Vereinigung der Anstrengungen bei der Lösung der Brennstoff-, Energie- und Rohstoffprobleme, der gegenseitige Austausch von Lizenzen, die Standardisierung, die Transportprobleme usw.

Berechnungen sowjetischer Ökonomen zeigen, daß bereits die bloße Beibehaltung der gegenwärtigen Tendenzen bis zum Jahre 1980 zu einem Handelsvolumen zwischen sozialistischen und kapitalistischen Ländern Europas in einer Größenordnung von jährlich 36 bis 40 Mrd. Dollar — zu den bestehenden Weltmarktpreisen — führen können. Unter anderem kann sich der Warenaustausch der UdSSR mit den westeuropäischen Ländern auf 12 Mrd. Dollar erweitern.[2]

Für die Sowjetunion wird in den nächsten 10 Jahren ein durchschnittliches jährliches Entwicklungstempo des Außenhandels mit kapitalistischen Ländern von 12 bis 13% für möglich gehalten. Das entsprechende Volumen könnte etwa 2 bis 2,5% des jährlichen Nationaleinkommens ausmachen. Das heißt, daß nach der KSZE davon ausgegangen werden darf, daß nicht nur die gegenwärtigen Tendenzen weiter wirken werden, sondern daß auch weiterhin positive Veränderungen in den Wirtschaftsbeziehungen möglich sind.

3. *Wie ordnen sich dabei die Wirtschaftsbeziehungen der DDR mit kapitalistischen Industriestaaten ein?*

Der wesentliche Teil der Außenwirtschaftsbeziehungen der DDR mit den kapitalistischen Industrieländern wird über den Außenhandel realisiert (zum Volumen vgl. Tabelle).

Außenhandel DDR — (bes. kapitalistische Industrieländer), in Mio VM

	1970 Einfuhr	Ausfuhr	1974 Einfuhr	Ausfuhr
Soz. Länder	14 118,9	14 221,2	20 219,1	20 835,8
Entwicklungsländer	794,2	807,2	1 887,8	1 279,3
Kapitalistische Industrieländer	5 444,1	4 211,9	11 462,6	8 328,1
insgesamt	20 357,2	19 240,3	33 569,5	30 443,2
davon:				
BRD	1 913,7	1 514,9	2 759,1	1 188,7
Frankreich	280,0	186,8	443,1	475,0
Großbritannien	373,8	178,3	900,0	704,0
Schweiz-Liecht.	395,0	186,1	1 037,8	421,5
Niederlande	237,9	323,2	1 120,9	518,6
Österreich	148,4	99,2	606,1	258,0
Belg./Lux.	138,0	142,7	447,6	403,2
USA	168,7	38,4	529,6	49,5
Schweden	233,1	177,0	397,1	423,8
Italien	147,5	192,0	388,3	274,5

Historisch bedingt haben Kooperations- und wissenschaftlich-technische Beziehungen bis jetzt noch keine wesentliche Rolle in den Beziehungen mit den kapitalistischen Ländern gespielt. Die Ursachen liegen vor allem in der lang andauernden außenpolitischen Diskriminierung der DDR begründet. Demzufolge fehlten und fehlen z. T. auch heute noch vertragliche Grundlagen mit kapitalistischen Ländern. Außerdem fehlen in der DDR große Rohstoffressourcen, wie sie etwa in der Sowjetunion oder VR Polen vorhanden sind, und deren Aufschluß Kooperationsgegenstand sein könnte. Kooperations- und wissenschaftlich-technische Beziehungen wurden in der Vergangenheit nur in einigen Fällen angewandt, z. B. bei der Errichtung des Erdölverarbeitungskombinats in Schwedt.

Im Zusammenhang mit der Durchsetzung der Prinzipien friedlicher Koexistenz und der Durchbrechung der außenpolitischen Blockade der DDR zeichnet sich in den letzten Jahren hier eine Änderung ab. In langfristigen Verträgen mit kapitalistischen Ländern ist auch die Produktions- und wissenschaftlich-technische Zusammenarbeit geregelt, so z. B. mit Italien, Frankreich, Großbritannien, den Niederlanden, Österreich u. a. Die praktische Realisierung ist in Entwicklung begriffen.

Darüber hinaus wurden einzelne Abkommen über wissenschaftlich-technische Zusammenarbeit mit kapitalistischen Unternehmen abgeschlossen. So 1974 ein Rahmenvertrag über die Zusammenarbeit beim Bau von metallurgischen Anlagen und Maschinen mit der japanischen Nippon-Steel Corp, Rahmenvereinbarungen über langfristige wissenschaftlich-technische Zusammenarbeit mit den BRD-Unternehmen Friedrich Krupp GmbH, Hoechst AG und Friedrich Uhde GmbH.

Im Rahmen des 1973 zwischen der DDR und Frankreich abgeschlossenen Zehnjahresabkommens über wirtschaftliche, industrielle und technische Zusammenarbeit wurden u. a. zwischen dem Außenhandelsbetrieb Industrieanlagen-Import und der französischen Firma Creuzot Lore Entreprise sowie zwischen dem Außenhandelsbetrieb Chemie Export — Import und der Firma Rhône-Poulene Vereinbarungen über wissenschaftlich-technische Zusammenarbeit getroffen.

In der wissenschaftlich-technischen Zusammenarbeit hat sich die DDR zu einem der größten Lizenzexporteure unter den RGW-Ländern entwickelt. So wurden Lizenzen für die Malimo- und Voltex-Technologien u. a. an die USA, BRD, Portugal, Großbritannien, Frankreich, Italien und Schweden vergeben. Für das in der DDR entwickelte Prinzip der Stahlgutverstärkung von Förderbändern erhielten vier in Westeuropa führende Förderbahnhersteller Lizenzen. Das Herstellungsverfahren von Harnstoff-Formaldehyd-Schaumstoff wurde u. a. in Lizenz an die Niederlande verkauft, zur Herstellung und zum Vergleich von Performkontaktböden u. a. an die BRD, Frankreich und Japan, für pharmazeutische Erzeugnisse an die Schweiz und Japan, für Stahlskelettbauweise an Großbritannien und die Schweiz.

Verträge, die das Lizenzverfahren mit know-how-Vergabe verbinden und sich zunehmend in den Wirtschaftsbeziehungen zwischen sozialistischen und kapitalistischen Ländern durchsetzen, wurden seitens der DDR mit Anlagefirmen Frankreichs, Großbritanniens, der BRD und weiterer Länder abgeschlossen, so z. B. in der Chemie- und Bauindustrie.[3]

Neu entwickelt sich seitens der DDR auch die Zusammenarbeit mit Unternehmen aus kapitalistischen Ländern in *Drittländern*: Das DDR-Außenhandelsunternehmen Invest-Export und die österreichische VÜEST-Alpine Montan AG, Linz, schlossen 1975 einen Vertrag über die Lieferung von Anlagenteilen für eine integrierte Zellstoff- und Papierfabrik, die von der VÜEST in die Republik *Kamerun* geliefert wird. Ein ähnliches Vorhaben wird in *Mauretanien* realisiert. Im Rahmen unserer Außenwirtschaftspolitik wird sich die DDR künftig zweifellos noch stärker auf diese neuen Tendenzen orientieren.

4. Worauf gründet sich die Aussage über die günstigen Entwicklungsmöglichkeiten der Wirtschaftsbeziehungen der sozialistischen Länder mit den kapitalistischen Industrieländern in den nächsten Jahren?

— *Erstens* auf die — trotz aller Kompliziertheit der internationalen Situation — zu erwartende Fortsetzung des politischen *Entspannungsprozesses* als Haupttendenz in den Beziehungen zwischen sozialistischen und kapitalistischen Staaten, vor allem im Ergebnis der Verwirklichung der Festlegungen der Konferenz über Sicherheit und Zusammenarbeit in Europa und einer intensiveren Realisierung der Prinzipien der friedlichen Koexistenz in den Beziehungen zwischen der UdSSR und den USA; sowie auf künftige Schritte zur *militärischen Entspannung*.

— *Zweitens* auf die Stimulierung der *Internationalisierung der Produktivkräfte* und des Wirtschaftslebens, durch die Erfordernisse der *wissenschaftlich-technischen Revolution*, wodurch die internationale Arbeitsteilung neue ökonomische, wissenschaftlich-technische und technologische Dimensionen annimmt.

— *Drittens* auf die Notwendigkeit der Lösung einer Reihe globaler Probleme der Menschheit, die nicht im Rahmen einzelner Staaten oder Staatengruppierungen und auch nicht in Staaten nur eines gesellschaftlichen Systems gelöst werden können.

— *Viertens* wirken die Dimensionen der künftigen ökonomischen Zusammenarbeit z. B. hinsichtlich der Energie- und Rohstoffprobleme, der Transport- und Verkehrsfragen u. a. stimulierend.

— *Fünftens* wirken die ökonomischen und geographischen Bedingungen Europas begünstigend.

Hier werden 47% des Weltnationaleinkommens und 55% der Weltindustrieproduktion erzeugt. Hier sind über 50% des wissenschaftlichen Potentials der Welt konzentriert. Es existieren günstige Transportbedingungen. Wirtschaftsbeziehungen haben lange Traditionen und vor allem: die wirtschaftliche und politische Realität des modernen Europa besteht darin, daß sich der überwiegende Teil seiner Produktions- und wissenschaftlich-technischen Kapazitäten, seiner Arbeitskräfte, Rohstoffe, Brennstoffe, seiner Land- und Forstwirtschaft in der Hand der sich dynamisch entwickelnden Ländergemeinschaft des RGW befindet.

- *Sechstens* kann man sagen, daß sich die allgemeine Wirtschaftsstrategie des Westens hinsichtlich der sozialistischen Länder den neuen Bedingungen des internationalen Kräfteverhältnisses anpassen mußte und das Prinzip der Isolierung letzterer durch das Prinzip der Erweiterung der Wirtschaftsverbindungen mit ihnen abgelöst wurde.
- *Siebentens* haben sich eine Reihe spezifischer Interessen sozialistischer Länder einerseits und kapitalistischer Länder andererseits, insbesondere in Europa herausgebildet, deren Ziel eine effektivere Nutzung der Vorteile ist, die sich aus der internationalen Arbeitsteilung sowie aus der Verwirklichung von Projekten gesamteuropäischen oder mehrseitigen Charakters ergeben.

Zu diesen Interessen gehören für die sozialistische Seite eine Anzahl politischer und ökonomischer Gründe. Anknüpfend an das am Anfang Gesagte seien hier nur aufgezählt: die Stärkung der materiellen Grundlagen für die friedliche Koexistenz von Staaten, die Verbesserung der Positionen im ökonomischen Wettbewerb mit dem Kapitalismus, die Schaffung günstiger Bedingungen für den revolutionären Weltprozeß, die Stärkung der Positionen in der Weltwirtschaft. Zu ihnen gehören zweifellos auch die Vorteile aus arbeitsteiligen Prozessen für die Nutzung technologischer und technischer Möglichkeiten, für die Erhöhung der Effektivität des industriellen, wissenschaftlichen und technischen Potentials, für die Verbesserung der Exportstruktur, für die Erschließung von Rohstoff- und Energieressourcen; Impulse für die weitere sozialistische ökonomische Integration sowie die sich aus der Nutzung der Vorteile internationalen Wirtschaftsaustausches ergebenden Effekte für die Realisierung unserer strategischen Orientierung auf die Einheit von Wirtschafts- und Sozialpolitik.

Auch die spezifischen Interessen kapitalistischer Kreise werden von einer Reihe politischer und ökonomischer Gründe geprägt:

- Nach wie vor müssen wir in Rechnung stellen, daß imperialistische Kreise die ökonomischen Beziehungen in ein Mittel des politischen Druckes und der ideologischen Diversion umfunktionieren und ihrem antisozialistischen Ziel dienlich machen wollen. Dabei zielt die Stoßrichtung darauf ab, die sozialistische Staatengemeinschaft auseinanderzudividieren und den Integrationsprozeß der sozialistischen Länder zu verzögern.

— In Richtung der Verstärkung des Interesses an den ökonomischen Beziehungen wirken solche Faktoren wie die Verschärfung des Absatzproblems für traditionelle und neue Industriezweige und Erzeugnisse, der erbitterte Konkurrenzkampf zwischen imperialistischen Zentren und Ländern, das Streben der kleinen Länder Westeuropas, einzelner Zweige ihrer Industrie sowie kleiner und mittlerer kapitalistischer Firmen, ihre wirtschaftliche Lebensfähigkeit durch wirtschaftliche Beziehungen zu sozialistischen Ländern zu sichern, der Versuch der westlichen Monopole, arbeits-, energie- und materialintensive Produktionen in andere Regionen der Welt zu verlagern, der Zwang zur Erschließung und zur Diversifizierung von Rohstoff- und Energiequellen, das Interesse einzelner Länder und Monopole an der Nutzung des wissenschaftlich-technischen Fortschritts der sozialistischen Länder u. a.

Trotz einer Anzahl von Übereinstimmungen und paralleler Interessen — und ohne sie gäbe es keine echte Entwicklung normaler Beziehungen zwischen sozialistischen und kapitalistischen Ländern — bleiben die ökonomischen Beziehungen ein Feld ständiger durch unterschiedliche Klasseninteressen bedingter Auseinandersetzung.

5. *Zu einigen Problemen der ökonomischen Beziehungen:*

a) Bei der Entwicklung der ökonomischen Beziehungen ist es von ausschlaggebender Bedeutung unter Berücksichtigung des Primats der Politik stets das Wechselverhältnis von Entwicklung der politischen Entspannung und wirtschaftlicher Zusammenarbeit im Auge zu haben. Einerseits schafft die schrittweise Entwicklung eines Systems der Sicherheit und Zusammenarbeit in Europa bessere Voraussetzungen für eine Ausweitung sowohl der wirtschaftlichen als auch der wissenschaftlich-technischen Zusammenarbeit zwischen den Ländern. Andererseits dient die Erweiterung der Wirtschaftsbeziehungen der Ausfüllung eines solchen Systems kollektiver Sicherheit, läßt es schneller Wirklichkeit werden. Die Chancen für Frieden, Sicherheit und Zusammenarbeit hängen also unmittelbar damit zusammen, daß die Staaten, indem sie die wirtschaftlichen Beziehungen entwickeln, zu einer echten, sachlichen Zusammenarbeit auf dem Boden einer Förderung gegenseitiger Wirtschaftsinteressen gelangen.

Eine wesentliche Aufgabe besteht dabei darin, mit entwickelten ökonomischen Beziehungen jene Tendenzen bei Vertretern des Monopolkapitals zu fördern, die nicht auf die Konfrontation, sondern vorrangig auf die Zusammenarbeit mit sozialistischen Ländern orientiert sind. Das bedeutet, daß die Regierungen imperialistischer Staaten bzw. die hinter ihnen stehenden Gruppen der Monopolbourgeoisie nicht zuletzt aus ökonomischen Gründen veranlaßt werden, auf die Politik der friedlichen Koexistenz einzugehen, ihre Ergebnisse zu achten und den Weg ihrer weiteren Materialisierung mitzugehen. Ein Verlassen dieser Politik würde ihnen unmittelbar zum wirtschaftlichen Nachteil gereichen. Die sich aus dem Handel mit sozialistischen Ländern ergebenden wirtschaftlichen Vorteile sind geeignet mitzuhelfen, diejenigen im Monopolkapital existierenden Kräfte zu fördern, die bereit sind, die internationale Lage real einzuschätzen, das bestehende Kräfteverhältnis zwischen Sozialismus und Imperialismus in ihrer Politik stärker zu berücksichtigen. Es wachsen zugleich die Chancen für die demokratischen Kräfte in jenen Ländern, die an der Rückkehr zum kalten Krieg interessierten Monopolgruppen und deren politische Repräsentanten in ihrem Einfluß weiter zurückzudrängen. Hierbei handelt es sich vor allem um solche offen aggressiven Kräfte, die mit dem militärisch-industriellen Komplex verflochten sind und die in einer Anzahl von imperialistischen Staaten erheblichen Einfluß auf die Regierungspolitik ausüben.

b) *Ein für die Entwicklung der Wirtschaftsbeziehungen zwischen sozialistischen und kapitalistischen Ländern relevantes Problem stellen die Krisenerscheinungen in der kapitalistischen Welt dar.*

Dieses Problem ist differenziert zu sehen, denn die Auswirkungen der Krisenerscheinungen sind sehr widersprüchlich. Was die zyklischen Krisenerscheinungen betrifft, so ergibt sich offensichtlich folgendes:

Einmal üben sie einen stimulierenden Einfluß auf das Interesse kapitalistischer Produzenten aus, Waren an sozialistische Länder zu verkaufen. Das zeigt sich ganz deutlich in einer Umfrage, die von der BRD-Zeitschrift „Blätter für deutsche und internationale Politik" bei führenden Industrieunternehmen (unter ihnen die DEMAG, Duisburg; Klöckner-Humboldt-Deutz, Köln; Krupp, Essen; Mannesmann, Düsseldorf; Siemens-AG, München) veranstaltet wurde. Es sei hier E. W. Mommsen von Krupp zitiert: „Außenwirtschaftlich ist der Handel mit dem Ostblock für die Bundesrepublik interessant, weil diese Länder nicht den ausgeprägten konjunkturellen Zyklen der westlichen Industrieländer unterworfen sind. Gegenüber unseren stark schwankenden Ausfuhren in die Industrieländer sollte hier ein Element der Stabilität zu finden sein."[4]

Andererseits verschärft sich die Konkurrenz auf den westlichen Märkten, engt sich ihre Aufnahmefähigkeit für Importe aus sozialistischen Ländern ein und es verschlechtern sich die Handelsbilanzen der sozialistischen Länder. Dies macht die Notwendigkeit erhöhter Anstrengungen unserer Außenhandelsorgane im nichtsozialistischen Wirtschaftsgebiet deutlich.

Auch für langfristige Formen der Zusammenarbeit bereiten die zyklischen Schwankungen große Schwierigkeiten. Eine Zahl *längerfristiger Krisenerscheinungen* (Energie-, Erdölkrise, Rohstoffprobleme usw.) sind für den Ost-West-Handel stärker stimulierend. Es wächst das Interesse der führenden imperialistischen Länder an der Erschließung neuer Rohstoffquellen, nach einer Diversifizierung der Rohstoff- und Energiequellen. Dieses Interesse ist von langandauernder Natur. Auch hierzu Mommsen: „Die Sowjetunion ist einer der größten Rohstoffproduzenten der Welt, die Bundesrepublik einer der bedeutendsten Rohstoffimporteure. Es ist nur natürlich und wirtschaftlich sinnvoll, wenn die Sowjetunion einen beträchtlichen Anteil an der Rohstoff- und Energieversorgung der Bundesrepublik sicherstellt ... An der Erschließung der Rohstoffvorkommen und den entsprechenden Transportwegen sollte sich die deutsche Industrie beteiligen.“ Allerdings berücksichtigen die sozialistischen Länder, daß die imperialistischen Staaten in verstärktem Maße eigene Programme zur Überwindung der längerfristigen Krisenerscheinungen entwickeln (Energieprogramm der USA, das die USA vom Ausland unabhängig machen soll, usw.) bzw. die Rohstoff- und Energiebezüge aus sozialistischen Ländern nur bis zu einem solchen Umfang entwickeln, der unterhalb einer möglichen Abhängigkeit bleibt.

Auch Strukturprobleme der kapitalistischen Wirtschaft haben eine gewisse stimulierende Wirkung.

Schirjajew/Iwanow schreiben dazu: „In der heutigen Zeit funktioniert die Industrie der westeuropäischen Länder unter den Bedingungen eines unbarmherzigen Konkurrenzkampfes, insbesondere mit amerikanischen und japanischen Gesellschaften. In diesem Kampf, der sich nach Maßgabe der Entwicklung der wissenschaftlich-technischen Revolution verstärkt, sind einige Industriezweige und Wirtschaftsgebiete einzelner westeuropäischer Länder zu einem kümmerlichen Dasein verdammt, wenn für sie nicht prinzipiell neue Möglichkeiten für die Erhaltung und Erweiterung der Produktionstätigkeit gesichert werden.“[5]

An dieser Stelle ein Wort zu der oft von einigen westlichen Politikern und Ideologen gebrauchten Argumentation, die Wirtschaftsbeziehungen zwischen Ost und West entsprächen dem einseitigen Interesse, dem einseitigen Nutzen der sozialistischen Länder. Das ist eine absichtliche Desinformation mit dem Ziel der Sabotage dieser Beziehungen.

Sie wird durch die tatsächliche Interessenlage des Kapitalismus, wie sie sich auch in den vorgenannten Zitaten widerspiegelt und die Tatsachen selbst widerlegt. Nur noch ein Beispiel dazu: Seit 1962 hat die UdSSR die doppelte Anzahl von Lizenzen für technologische Prozesse an die USA verkauft als sie von den USA kaufte.

Von Wirkung auf den Ost-West-Handel sind aber auch solche Krisenerscheinungen wie die Inflation und die internationale kapitalistische Währungskrise. Es erweist sich im Interesse der weltwirtschaftlichen Beziehungen als notwendig, daß diese Fragen sowohl mit den Entwicklungsländern, aber vor allem mit den sozialistischen Ländern erörtert bzw. einer Klärung zugeführt werden müssen. Die Stabilität des Weltvalutasystems und des Weltfinanzsystems würde sich verbessern bzw. relativ wiederherstellen lassen, wenn Entwicklungsländer und sozialistische Länder gleichberechtigt an den entsprechenden Erörterungen teilnehmen und gemeinsam nach Lösungswegen gesucht wird.

Für die Diskussion bzw. relative Lösung dieser Probleme bedarf es entsprechender internationaler Institutionen. Nach einer notwendigen Reformierung von IWF und Weltbank, die in ihrer gegenwärtigen Struktur dafür ungeeignet erscheinen, könnten auch diese und andere internationale Organisationen für die Behandlung der Themen eine institutionelle Grundlage abgeben.

Dabei gehen wir davon aus, daß die Wirtschaftsbeziehungen zwischen sozialistischen und kapitalistischen Staaten immer stärker als Bestandteil neuer weltwirtschaftlicher Beziehungen in Erscheinung treten und selbst deren innere Struktur und ihren Charakter mit prägen werden.

c) Ein erhebliches Problem in den Wirtschaftsbeziehungen zwischen sozialistischen und kapitalistischen Staaten ist das Weiterbestehen einseitiger Behinderungen von seiten kapitalistischer Staaten oder Staatengruppierungen.

Nach wie vor bedeutet vor allem die EG als geschlossener Wirtschaftsblock eine erhebliche Diskriminierung von Drittländern, vor allem der sozialistischen Staaten.

Die EG verweigert ihnen die Meistbegünstigung bzw. versucht gegenüber den sozialistischen Staaten jene Vorteile auszuklammern, die sich die EG-Staaten untereinander bzw. nichtsozialistischen Drittländern im Rahmen von Präferenz- oder Assoziierungsabkommen gewähren. Das betrifft vor allem die Zölle. Die EG-Zölle für sozialistische Länder betragen für Maschinen und Apparate bis zu 14%, für Motorräder 10,5%, für Konsumgüter 12,5 bis 16%. Ähnlich liegt dieses Problem bei den USA. Die hohen Importzölle der USA bewirken z. B., daß beim Export sowjetischer chemischer Waren 22% und bei Erzen und Metallen 17% des Exporterlöses eingebüßt werden. Im Durchschnitt unterliegen Erzeugnisse aus der UdSSR in den USA einer etwa zehnfach größeren Zollbelastung als die anderer Länder.

Eine weitere Form der Diskriminierung ist die *quantitative Begrenzung* der Einfuhr aus den sozialistischen Staaten (Einfuhrkontingente, Lizenzzwang). Auch hier wirkt sich die fehlende Meistbegünstigung aus.

Für annähernd 40% der Warenpalette der Exporte der sozialistischen Staaten — unterschiedlich je nach den Exportpositionen der einzelnen sozialistischen Staaten — bestehen seitens der EG solche Restriktionen. Die praktischen Wirkungen zeigen sich am Beispiel der BRD als dem bedeutendsten Außenhandelspartner der sozialistischen Staaten im Rahmen der EG: Ende 1974 unterlagen zwar nur etwa 10 bis 12% der Positionen der BRD-Außenhandelsstatistik quantitativen Beschränkungen für Importe aus den sozialistischen Staaten, jedoch entfielen hierauf etwa 25% des Volumens der Exporte der sozialistischen Länder (ohne Agrarerzeugnisse, bei ihrem Einschluß sind es annähernd

50%). Bei Bulgarien entfällt ein besonders hoher Anteil auf diese wenigen Prozente der noch kontingentierten Warengruppen.

Die *Agrarmarktordnungen* der EG' stellen besonders schwerwiegende Diskriminierungen für den Agrarexport der RGW-Länder in den EG-Raum dar und betreffen bis zu 80% der Agrarexporte einiger RGW-Länder. Bei einzelnen Positionen, wie Fleisch und Lebendvieh, erfolgte beispielsweise Anfang 1975 ein völliger Einfuhrstop seitens der EG.

So werden insgesamt außer durch die Zolldiskriminierungen allein die Hälfte der Exporte der sozialistischen Staaten durch quantitative Importbeschränkungen beeinträchtigt. Es ist klar, daß solche den Prinzipien der Gleichberechtigung und des gegenseitigen Vorteils widersprechende Tatbestände auch die Weiterentwicklung von Kooperationsvorhaben behindern, da sie ihnen die Voraussetzungen eines normalen Absatzes nehmen.

Andere Diskriminierungen ergeben sich durch technische Normen und Standards, steuerliche Bestimmungen und plötzliche staatliche Eingriffe, wie Einfuhrstop u. a. So wurden im Oktober 1975 z. B. die Importe von Elektromotoren aus Bulgarien und Lederschuhen aus Rumänien durch Verordnungen der EG-Kommission in Brüssel von der Einfuhr in den EG-Raum ausgeschlossen. Von einigen EG-Ländern werden auch staatliche Exportförderungsmaßnahmen (z. B. Kreditgarantien) versagt, wie sie gegenüber anderen Ländern gewährt werden. Und schließlich sei darauf verwiesen, daß auch die aus der Zeit des „kalten Krieges" herrührenden sogenannten COCOM-Verbotspositionen weiter wirken. Sie sind zwar reduziert, aber noch nicht voll beseitigt worden.

Eine mit politischer Zielsetzung verknüpfte Diskriminierung der sozialistischen Staaten stellt die vom US-Kongreß im Dezember 1974 beschlossene Handelsgesetzgebung dar. Sie verweigert den sozialistischen Ländern die Gewährung der Meistbegünstigung (wie sie z. B. im Handelsabkommen UdSSR — USA von 1972 vorgesehen war) und sieht andere Beschränkungen für die Gewährung langfristiger Kredite an sozialistische Staaten vor. Für die Weiterentwicklung der ökonomischen Beziehungen zwischen sozialistischen und kapitalistischen Staaten spielt die Beseitigung dieser Hemmnisse, die Durchsetzung von Gleichberechtigung und gegenseitigen Vorteil eine große Rolle. Dies liegt ganz im Sinne der Bestimmungen der Schlußakte von Helsinki.

Es wird häufig über ungünstige Exportstrukturen der sozialistischen Länder in die kapitalistischen Länder gesprochen. Aber vor allem in diesen Tatsachen, im Versuch, dem Handel einseitig kapitalistische Interessen zugrunde zu legen, sind wesentliche Ursachen dafür zu suchen.

Der Export kapitalistischer Länder in die sozialistischen Staaten besteht zu etwa 80% aus Fertigerzeugnissen, davon Maschinen und Ausrüstungen etwa 40%, während umgekehrt der Export der RGW-Länder in die kapitalistischen

Industrieländer zu etwa 60% aus Rohstoffen und 40% Fertigerzeugnisse (davon Maschinen 10%, bei der UdSSR etwa 5%) beträgt. Beim Export der UdSSR nach der BRD, Großbritannien, Italien, Frankreich liegt der Anteil von Maschinen und Ausrüstungen 1973 noch unter 5%, bei Schweden etwa bei 5%, bei Finnland bei etwa 10%.

Zugleich muß aber auch klar sein, daß durch die konsequente Verwirklichung des Komplexprogramms der sozialistischen ökonomischen Integration u. a. Maßnahmen, über die im Rahmen dieses Kolloquiums Prof. Kunz gesprochen hat, die Struktur unseres Exports verbessert werden muß.

d) Ein besonderes Problem in den Wirtschaftsbeziehungen zwischen sozialistischen und kapitalistischen Ländern in Europa sind die *Wirtschaftsbeziehungen zwischen den Ländern des RGW und den Ländern der EG sowie die damit im Zusammenhang stehenden Beziehungen zwischen den beiden Integrationsgruppierungen.* Wir gehen davon aus, daß sich einerseits die Integrationsprozesse im RGW und in der EG auf langfristiger Grundlage fortsetzen werden und daß andererseits die Existenz der Integrationsgruppierungen kein Hindernis der Entwicklung ihrer wirtschaftlichen Zusammenarbeit sein sollte.

Ein solches Hindernis stellt aber, wie gezeigt, nach wie vor die gegen Drittstaaten gerichtete Außenhandelspolitik der EG dar, die sich zudem darauf orientiert, als Gruppierung nur mit den einzelnen RGW-Staaten Verträge und Abkommen abzuschließen. Im Interesse der Durchsetzung der Schlußakte von Helsinki, der Erweiterung und Aktivierung der gleichberechtigten ökonomischen Zusammenarbeit und der Beseitigung der Hindernisse im Handel zwischen sozialistischen und kapitalistischen Staaten in Europa liegt es deshalb, eine flexible Kombination mehrseitiger und zweiseitiger Beziehungen des RGW und seiner Mitgliedsstaaten mit der EG und den Mitgliedsstaaten dieser Gruppierung anzustreben.

In diese Richtung zielt die Initiative des RGW. Die Herstellung wahrhaft gleichberechtigter Beziehungen zwischen den Ländern des RGW und der EG macht vor allem bestimmte Formen einer gemeinsamen vertraglichen Regelung dieser Beziehungen auf der Ebene der zwei Gruppierungen, also zwischen dem RGW und seinen Mitgliedsländern einerseits und der EWG und ihren Mitgliedsländern andererseits erforderlich. Gleichzeitig ist es erforderlich, die Vorteile zu wahren, die den sozialistischen Ländern aus ihren aktiven zweiseitigen Beziehungen mit den Ländern der EG nicht nur auf dem Gebiet des Handels, sondern auch auf den anderen, perspektivreichen Gebieten der wirtschaftlichen und wissenschaftlich-technischen Zusammenarbeit erwachsen.

Zukünftige Sachkontakte und Verhandlungen zwischen den führenden Organen des RGW und der EG könnten wahrscheinlich den Kreis folgender Fragen umfassen, die von gegenseitigem Interesse sind:

- Ausarbeitung einer generellen Vereinbarung über die Hauptprinzipien der Beziehungen zwischen den beiden Gruppierungen und ihren Mitgliedsländern;
- das handelspolitische Regime in beiden Gruppierungen einschließlich der Gewährung der Meistbegünstigung und des Systems der gegenseitigen Präferenzen sowie auch das Problem des Agrarprotektionismus im Rahmen der EG;
- Maßnahmen zur Erweiterung und Stimulierung der industriellen, finanziellen und wissenschaftlich-technischen Zusammenarbeit zwischen den sozialistischen und kapitalistischen Ländern Europas;
- praktische Möglichkeiten der Vereinigung der Anstrengungen der Mitgliedsstaaten beider Gruppierungen bei der Lösung gesamteuropäischer Probleme auf dem Gebiet der Energetik, der extraktiven Industrie, von Transport und Fernmeldewesen, wissenschaftlicher Forschungen, der Erhaltung der Umwelt, der Standardisierung einschließlich konkreter Projekte der gesamteuropäischen Zusammenarbeit.

Die rechtliche Regelung der wirtschaftlichen Zusammenarbeit zwischen beiden internationalen Wirtschaftsorganisationen könnte erreicht werden im Ergebnis des Abschlusses eines allgemeinen Vertrags zwischen dem RGW und den zu ihm gehörenden Ländern einerseits und der EWG und ihren Mitgliedsländern andererseits.

Eine solche Regelung könnte dazu beitragen, daß sich die Wirtschaftsbeziehungen zwischen sozialistischen und kapitalistischen Staaten in Europa auf der Basis der Vereinbarungen von Helsinki entwickeln und bi- und multilaterale Beziehungen in Handels- und Wirtschaftsfragen, auf dem Gebiet der wissenschaftlich-technischen Zusammenarbeit, der Kredit- und Finanzbeziehungen und in anderen Fragen sich verstärken.

Ein solches Abkommen schließt die Möglichkeit des Abschlusses bi- und multilateraler Vereinbarungen zwischen den Mitgliedsländern des RGW und den Organen der Europäischen Wirtschaftsgemeinschaft, zwischen den Mitgliedsländern der EWG und den Organen des Rates für Gegenseitige Wirtschaftshilfe sowie zwischen ihren kompetenten Wirtschaftsorganisationen nicht aus.

6. Ich möchte noch einmal auf die Frage zurückkommen, daß die Basis der Wirtschaftsbeziehungen mit den kapitalistischen Industrieländern die sozialistische ökonomische Integration ist und bleibt. Die sozialistische ökonomische Integration stellt die Hauptrichtung für die Teilnahme der RGW-Länder an der internationalen Arbeitsteilung dar. Ihre weitere Festigung und Entwicklung bestimmt deshalb auch wesentlich das außerwirtschaftliche Interesse an den

ökonomischen Beziehungen mit den kapitalistischen Ländern. Das bedeutet, in der weiteren Perspektive die Wirtschaftsbeziehungen stärker in den Dienst der Interessen der sozialistischen ökonomischen Integration zu stellen.

Für die Mitgliedsländer des RGW heißt das, vor allem der weiteren Festigung ihrer Einheit, der Erhöhung ihrer Stärke durch die Intensivierung der wirtschaftlichen Integration, der weiteren Vervollkommnung des inneren Mechanismus und der Verbesserung und höheren Effektivität der Produktion größtes Augenmerk zu schenken. Dabei ist eine entscheidende Frage, das *Komplexprogramm* der sozialistischen Staatengemeinschaft *mit aller Konsequenz durchzusetzen, die beschlossenen Aufgaben zu realisieren.* An Bedeutung gewinnt die weitere *Ausarbeitung der gemeinsamen außenwirtschaftlichen Strategie der RGW-Mitgliedsländer* einschließlich der Entwicklung des Mechanismus zur Koordinierung der Interessen und Aktivitäten der RGW-Mitgliedsländer. Immer mehr in den Mittelpunkt rückt die Frage, im Interesse der Erhöhung der *Effektivität der Wirtschaftsbeziehungen zu den kapitalistischen Ländern* das Niveau der *Abstimmung der außenwirtschaftlichen Tätigkeit* der Länder der sozialistischen Gemeinschaft anzuheben. Hier seien einige der dabei weiter zu lösenden Fragen genannt:

- die Ausarbeitung und Festlegung langfristiger rentabler Strukturlinien für die Entwicklung im Ex- und Import im Zusammenhang mit der Spezialisierung und Kooperation der Produktion (von Forschung über Entwicklung bis zum Absatz);
- die Beschleunigung der planmäßigen Entwicklung der Spezialisierung und Kooperation, der Forschung und Entwicklung auf abgestimmten Strukturlinien und mit Hilfe gemeinsamer Pläne und verbindlicher Verträge, um Exportpotenzen und Konkurrenzfähigkeit zu erhöhen;
- die Koordinierung der Export- und Importpläne für die wichtigsten Warengruppen und die hauptsächlichen geographischen und Handelsrichtungen;
- die Vervollkommnung der Koordinierung der Volkswirtschaftspläne, der Technik-Politik, der Investitionsprogramme und der Nutzung der eigenen Ressourcen im Rahmen des RGW, um die Importe aus kapitalistischen Ländern gezielter durchzuführen;
- die Ausarbeitung eines gemeinsamen Programms zur Entwicklung der Exportressourcen der RGW-Länder in den aussichtsreichsten Industriezweigen; die Gründung gemeinsamer Exportbetriebe;
- die Intensivierung des Informations- und Erfahrungsaustausches, um Exportverluste durch Währungskrisen und Inflation zu vermeiden; stärkere Zusammenarbeit der Außenhandelsbanken u. a. Institutionen hinsichtlich der Nutzung von Informationen über kapitalistische Devisenmärkte (Kursbewegungen, günstige Kreditbedingungen, gewinnbringende Transfermöglichkeiten);

- die Ausarbeitung einer prinzipiellen Position zu Finanzierungsquellen der Zusammenarbeit;
- die weitere Untersuchung der Bedingungen und Möglichkeiten von Lizenzproduktionen und Industriekooperationen zwischen RGW-Mitgliedsländern und kapitalistischen Staaten;
- Fragen multilateraler Tätigkeit der RGW-Länder mit kapitalistischen Industriefirmen, Schaffung einer gemeinsamen Absatz- und Kreditinfrastruktur in Westeuropa, Zusammenarbeit in Drittländern, Projekte gesamteuropäischer Bedeutung (Energie, Erdöl, Erdgas, Umweltschutz, Forschung, auch mit Entwicklungsländern);
- Zusammenarbeit der RGW-Länder beim Aufbau von Absatz- und Bezugs- und Serviceorganisationen, um rationellere Lösungen zu finden;
- koordiniertes Vorgehen der RGW-Länder gegenüber großen Konzernen zur Erhöhung der politischen und ökonomischen Effektivität (beim Warenaustausch, bei WTZ usw.);
- Erforschung optimaler Betriebsstrukturen und -größen, um jene Formen zu entwickeln, die sich für die Durchsetzung bestimmter Außenhandelsinteressen interessierter RGW-Länder eignen (einschließlich gemeinsamer Handelsgesellschaften);
- Schaffung von Zentren für Kooperation und Lizenzen, Export- und Importbüros;

und andere.

Am Schluß möchte ich noch einmal hervorheben:

Die ökonomischen Beziehungen der RGW-Länder mit den kapitalistischen Industriestaaten sind ein Bestandteil des gegenwärtigen Klassenkampfes in der internationalen Arena. In der ökonomischen Zusammenarbeit zwischen ihnen werden entgegengesetzte Klassenziele verfolgt, sie lassen sich von entgegengesetzten politischen und ideologischen Motiven leiten. Die Vervollkommnung der Koordinierung der Aktionen der RGW-Länder, die Ausweitung der Praxis ihres gemeinsamen Auftretens, ihre Offensive zur Durchsetzung der Schlußakte von Helsinki wird zweifellos in der zweiten Hälfte der siebziger Jahre zur Stärkung der Positionen des Sozialismus in Europa führen. Dies wird gleichzeitig dazu beitragen, die politischen und ökonomischen Garantien gegen die Versuche des Imperialismus zu verstärken, die Einheit und Geschlossenheit der Länder der sozialistischen Gemeinschaft zu schwächen.

Anmerkungen

1. Vgl. dazu auch: Scherschnew: „Friedliche Koexistenz und ökonomische Zusammenarbeit" in: „USA" 1/1975, S. 24.
2. Vgl. dazu Schirjajew/Iwanow: „Die ökonomische Materialisierung der Entspannung" in: „Meshdunarodnaja Shisn", Moskau, Nr. 10/1975, S. 23.
3. Nähere Angaben über Formen der Wirtschaftsbeziehungen in: IPW-Berichte, Heft 11/1975, S. 16 ff.
4. Heft 11/1975, S. 1225.
5. A. a. O.

Rudolf Brauer

Verstärkung der Exportkraft der Volkswirtschaft ist notwendig

Die Durchführung des Kolloquiums „Neue Entwicklungstendenzen in der heutigen Weltwirtschaft" entspricht einem dringenden gesellschaftlichen Anliegen. Die Entwicklung im sozialistischen wie im kapitalistischen Teil der Weltwirtschaft gehört zu den äußeren Bedingungen, von denen unsere eigene volkswirtschaftliche Entwicklung abhängt bzw. beeinflußt wird.

An der Schwelle zwischen zwei Fünfjahrplänen ist festzustellen, daß die äußeren Bedingungen größere Bedeutung erlangt haben, als in früheren Planperioden. In den zurückliegenden fünf Jahren (1971—1975) vollzogen sich bedeutende Veränderungen in den äußeren ökonomischen Bedingungen. Die wichtigste von ihnen besteht darin, daß sich der Prozeß der sozialistischen ökonomischen Integration in beschleunigtem Tempo und in neuen größeren Dimensionen entfaltet hat und daß wir alle wesentlichen Wirtschaftsaufgaben unter Berücksichtigung dieser Prozesse lösen können.

Einschneidend veränderten sich die äußeren ökonomischen Bedingungen für unsere Beziehungen zu den nichtsozialistischen Ländern. Für die Jahre 1971 bis 1975 stimmten die äußeren ökonomischen Bedingungen in diesem Teil der Weltwirtschaft nur etwa zwei Jahre generell mit denen überein, die bei Ausarbeitung und Beschlußfassung des Fünfjahrplanes eingeschätzt und zugrunde gelegt werden konnten. Dagegen verliefen die letzten drei Jahre unter bedeutend veränderten Bedingungen, die in ihrer Art und in ihrem Ausmaß nicht vorhersehbar waren.

Erstens kam es in den Jahren 1973 bis 1974 auf den kapitalistischen Märkten zu einem beispiellosen Anstieg der Preise für Brennstoffe und Rohstoffe. Diese Verteuerung der Rohstoffe führte zu einer beträchtlichen Veränderung der Preisrelation zwischen den Preisen für Rohstoffe einerseits und den Preisen für Fertigwaren andererseits, wodurch sich die terms of trade der DDR im Handel mit den nichtsozialistischen Ländern trotz bedeutender Anstrengungen zur Abwehr negativer Auswirkungen verschlechterten.

Zweitens wurden die kapitalistischen Länder in den Jahren 1974 bis 1975 von der tiefsten und langanhaltendsten zyklischen Überproduktionskrise seit dem Ende des zweiten Weltkrieges betroffen. Die Schärfe dieser Krise ergibt sich vor allem aus ihrer engen Verflechtung mit Erscheinungen der neuen Entwicklungsetappe des Kapitalismus. Nach 16 Jahren ununterbrochenen, teilweise beträchtlichen Wachsens des kapitalistischen Welthandels verzeichnen wir 1975 erstmalig einen Rückgang seines physischen Volumens. Die Absatzbedingungen für unsere wachsenden Exportvolumen wurden durch diese zeitweilige Einengung der kapitalistischen Märkte beträchtlich erschwert.

Vor allem Prof. Kohlmey und Prof. Kuczynski haben in ihren Vorträgen tiefgründig diese Probleme dargelegt. Auf Grund der in unserem Institut vorliegenden Forschungsergebnisse kann ich den Feststellungen beider Redner in fast allen wesentlichen Fragen — sowohl was die Analyse der vergangenen Entwicklung als auch was die gegebenen Prognosen betrifft — zustimmen.

In seiner Einschätzung der weiteren Entwicklung des Weltkapitalismus hat Prof. Kuczynski davon gesprochen, daß nach seiner Ansicht im kapitalistischen Welthandel auf Grund der eingetretenen Veränderungen in den nächsten Jahren mit einer Stagnation bzw. sogar mit einem Rückgang gerechnet werden muß.

Ich stimme mit ihm darin überein, daß die kapitalistischen Länder in nächster Zeit zwar aus der zyklischen Krise herauskommen werden, daß es aber wahrscheinlich keinen stark ausgeprägten Aufschwung geben wird, daß die strukturellen Krisen, die Währungskrise u. a. Krisen fortwirken werden, daß es keinen „Investitionsboom“ geben wird und daß die Arbeitslosigkeit voraussichtlich nach der zyklischen Krise weiterhin höher sein wird als vorher. Dies alles unterstellt, und ein jährliches durchschnittliches Wachstumstempo der kapitalistischen Industrieproduktion von 2 bis 3%, so läßt sich m. E. dennoch die These stützen, daß der kapitalistische Welthandel auch in den kommenden Jahren ein höheres Wachstumstempo aufweisen wird als die kapitalistische Industrieproduktion. Dafür sprechen vor allem zwei Gründe. Erstens wird unter den veränderten weltwirtschaftlichen Bedingungen die Ausnutzung des wissenschaftlich-technischen Fortschritts zur „Anpassung“ an die neuen Probleme, die durch die kapitalistischen Strukturkrisen (Energie, Rohstoffe, Nahrungsmittel) hervorgerufen werden, beschleunigt werden und dem kapitalistischen Welthandel neue Impulse verleihen. Zweitens hat die internationale Arbeitsteilung, die Spezialisierung und Verflechtung der Produktion zwischen den kapitalistischen Unternehmen über Ländergrenzen hinweg ein Ausmaß erreicht, das kaum ohne ernste Erschütterungen mehr rückgängig gemacht werden kann. Im Gegenteil, unter dem Wirken des zuerst von mir genannten Faktors wird diese Verflechtung aller Wahrscheinlichkeit nach noch weiter zunehmen. Natürlich wird die tatsächliche Entwicklung erst zeigen, welche Annahme richtig gewesen ist.

All die genannten Fragen haben natürlich Konsequenzen und erfordern Schlußfolgerungen für die Planung und Durchführung unserer Wirtschaftsbeziehungen mit den nichtsozialistischen Ländern.

Zwei Problemkreise erscheinen mir besonders wichtig.

1. Obwohl unter dem Einfluß der zyklischen Überproduktionskrise die Preise für Rohstoffe und Brennstoffe in der Gegenwart leicht zurückgegangen sind, handelt es sich nach übereinstimmender Auffassung bei der 1973/74 vor sich gegangenen Anhebung des Preisniveaus um eine dauerhafte Veränderung, die für den kommenden Fünfjahrplan für uns eine generelle Verteuerung der Rohstoff- und Brennstoffimporte aus den nichtsozialistischen Ländern bedeutet.

2. Als Folge der in der kapitalistischen Wirtschaft eingetretenen Veränderungen wird das Tempo des wirtschaftlichen Wachstums in den kapitalistischen Ländern in der zweiten Hälfte der siebziger Jahre deutlich unter dem Niveau des Wachstums der sechziger Jahre liegen.

Einerseits ergibt sich folglich aus der Verteuerung der notwendigen Rohstoff- und Brennstoffimporte in Verbindung mit Importüberschüssen und Zinsen die Notwendigkeit, den Export in diese Länder über die bisher erreichten Wachstumsraten hinaus zu steigern. Andererseits kann nach gegenwärtigen Einschätzungen auch für die kommende Zeit mit einer äußerst zugespitzten Konkurrenz- und Absatzsituation auf den Märkten dieser Länder gerechnet werden.

„Alles in allem" — so sagte Erich Honecker, Erster Sekretär des ZK der SED, bereits auf dem 13. Plenum des ZK der SED — „steht vor uns die Forderung, im Interess der kontinuierlichen Fortführung unserer Politik volkswirtschaftliche Reserven in neuen Dimensionen zu erschließen."

Das betrifft in besonderem Maße die Frage der Erhöhung unseres Exports.

Durch gezielte Maßnahmen der Strukturpolitik kommt es darauf an, in den vorhandenen Exportzweigen und -betrieben einen höheren Exportwert zu erreichen. Durch Umverteilung der produzierten Fonds zugunsten des Exports läßt sich die notwendige Erhöhung des Exports bekanntlich nicht lösen.

Es kommt also darauf an, mehr höherwertige, mehr neuartige, mehr Erzeugnisse mit hohem Veredelungseffekt der eingesetzten Rohstoffe, mehr Erzeugnisse mit hohem Anteil wissenschaftlich-technischer Leistung an Stelle von Erzeugnissen zu produzieren, die materialaufwendig, veraltet, unrentabel und ohne Absatzchancen sind.

Wir haben in der DDR, und in Gemeinschaft mit den anderen Mitgliedsländern des RGW, voran der UdSSR, alle Möglichkeiten dazu, unsere Exportstruktur in dieser Richtung Schritt für Schritt weiter zu verbessern.

Dabei muß beachtet werden, daß sich unter dem Einfluß der Veränderungen in der kapitalistischen Wirtschaft nicht nur die Konkurrenz verschärft hat, sondern daß sich auch die Nachfragestrukturen verändern.

Bei Investitionsgütern wird sich die Nachfrage angesichts des großen Umfangs der nichtausgenutzten Kapazitäten selbst in den sog. Wachstumsindustrien in nächster Zeit mit ziemlicher Sicherheit vornehmlich auf Erzeugnisse richten, die der Rationalisierung der Prozesse dienen, die geeignet sind, Energie zu erzeugen oder sparsamer zu verwenden, usw. Eine sehr gründliche Erforschung dieser Veränderungen in den Nachfragestrukturen ist erforderlich, um, in Übereinstimmung mit den Erfordernissen, die sich aus der sozialistischen ökonomischen Integration und aus der Intensivierung ergeben, die richtigen Erzeugnisse für die Produktion auszuwählen, die mit hoher Rentabilität auf den nichtsozialistischen Märkten abgesetzt werden können.

Die von der SED gewiesene Richtung zur Entwicklung von langfristig stabilen Exportlinien und Exportförderbetrieben muß konsequent durchgesetzt werden. Das stellt höhere Anforderungen an uns Ökonomen, aber auch an die Naturwissenschaftler und Techniker, und an die gemeinschaftliche Arbeit von Ökonomen und Naturwissenschaftlern und Technikern. Durch ihr Zusammenwirken wird es möglich, jene neuen, attraktiven Erzeugnisse in großer Zahl zu produzieren, mit denen auch höhere Exportpreise erzielt werden können.

Noch immer haben die Arbeiter und Genossenschaftsbauern, die Wissenschaftler, Techniker und verantwortlichen Wirtschaftsfunktionäre unseres Landes — so stellte Erich Honecker vor dem 13. Plenum fest — „Schwierigkeiten, außergewöhnliche volkswirtschaftliche Anforderungen als Herausforderung für ihren erfinderischen Geist und ihre schöpferische Energie verstanden und mit Taten beantwortet".

Hermann Klare

Diskussionsbeitrag

J. Kuczynski betonte in seinen Ausführungen, daß etwa mit Beginn der siebziger Jahre eine neue Etappe in der Entwicklung des Kapitalismus festzustellen sei, und G. Kohlmey machte auf die Rückwirkungen aufmerksam, die sich über den Einfluß extremer Faktoren durch volkswirtschaftliche Belastungen bei uns bemerkbar machen, als da sind: höhere Preise für Import-Rohstoffe und -Fertigwaren, Schwierigkeiten unseres Exports infolge der Überproduktion in den kapitalistischen Ländern bis zum völligen Exportstop mit einem zwangsläufigen Einfluß auf unsere Deviseneinnahmen. Ich könnte dazu noch mehr sagen; aber die Fakten und „Zwänge" sind Ihnen ja bekannt. Sicherlich ist das für uns kein Grund zum Pessimismus, aber wir sollten m. E. — Natur- und Gesellschaftswissenschaftler gemeinsam — einiges daraus lernen:

1. Wir alle haben — gerade gegen Ende der sechziger Jahre — umfangreiche Prognosen angefertigt; aber einiges, was nun wirklich passierte und mit dem wir uns soeben auseinandergesetzt haben, ist meines Wissens — zum mindesten als Variante — von niemandem in unser Kalkül einbezogen worden. Mit anderen Worten also: Wir alle haben uns bei den Prognosen, welchen Gegenstand sie auch immer behandelten, nicht ernsthaft mit der Frage befaßt, welche Auswirkungen eine Krise im Kapitalismus (Ölkrise, Rohstoffverknappung, Preissteigerungen usw.) auf unsere Volkswirtschaft haben könnten und welche Schlußfolgerungen wir daraus ableiten müßten. Das ist wahrhaftig kein Vorwurf an die Adresse der Gesellschaftswissenschaftler (insbesondere keiner an die Ökonomen und Wirtschaftswissenschaftler); denn die Naturwissenschaftler haben sich diese Frage auch nicht gestellt. Bei künftigen Prognosen sollte uns das nicht noch einmal passieren; denn möglicherweise hätten unsere Maßnahmen dagegen früher und rascher wirksam werden können.

2. J. Kuczynski machte mit Recht darauf aufmerksam, daß in den hochindustrialisierten kapitalistischen Ländern trotz der Krise eine überdurchschnittliche Entwicklung der Technologie zu beobachten ist. Ich kann das an Hand der Andeutungen, die sich in Veröffentlichungen chemisch-technischer Zeit-

schriften der USA, BRD u. a. finden, nur bestätigen. Das hat — anknüpfend an Punkt 1 meiner Ausführungen — erhebliche Konsequenzen für uns und für den RGW. Es ist kein Geheimnis, daß wir auf gewissen Gebieten einen technologischen Rückstand besitzen, es gilt nun, nicht allein diesen Rückstand auszugleichen, etwa an Hand des gegenwärtigen Standes der Technik; sondern wir müssen uns vielmehr auf die außerordentliche „Raffinesse" noch weit höher gezüchteter Verfahrenstechnik einstellen und unsere Forschungsaufgaben dementsprechend ansetzen. Um so dringender erscheint mir daher auch der rasche Ausbau der für 1976 bis 1980 in der AdW und im Hochschulwesen bereits geplanten technologischen Grundlagenforschung in enger Kooperation mit entsprechenden Entwicklungen in der Industrie. Eine „unterentwickelte" verfahrenstechnische Forschung auf lange Sicht — wie sie teilweise unbestreitbar vorhanden ist — können wir uns nicht mehr erlauben. Meines Erachtens muß auch gerade auf diesem Gebiet die Kooperation und Arbeitsteilung im RGW verbessert werden.

3. Unsere Bemühungen (in Forschung und Entwicklung) um die Gebrauchswertsteigerung unserer Erzeugnisse sind m. E. auch noch zu gering. Es geht dabei nicht allein um eine hohe Qualität und Repräsentationsgüte, sondern um eine gleichzeitige Steigerung des Gebrauchswertes im Sinne einer längeren Haltbarkeit der Erzeugnisse. Meines Erachtens schmeißen wir noch zu viel weg! Ich möchte keineswegs einer Uniformität das Wort reden; aber ich sehe nicht ein, warum auch bei uns viele Gegenstände des täglichen Bedarfs, also Konsumgüter, so schnell „aus der Mode kommen" und durch neue ersetzt werden. Laufen wir nicht Gefahr, auch zu einer mit Recht viel gelästerten Art von „Konsumgesellschaft" zu werden? Kann z. B. eine formschöne Waschmaschine oder ein Kühlschrank — diese Liste ließe sich beliebig vermehren — nicht durch eine durchaus mögliche und machbare Gebrauchswertsteigerung in ihrer Lebensdauer um Jahre erhöht werden? Im Grunde genommen geht es hier doch um den „eigenen Weg des Sozialismus"; denn die Gefahr, daß wir zu viel und zu früh „wegwerfen" und dann eben auch nur „konsumieren", besteht zweifellos. „Gebrauchswertforschung" (oder soll ich sagen „Gebrauchswerttheorie"?) mit allen Konsequenzen (auch den modischen, wenn man z. B. an die vielen brauchbaren, überhaupt nicht abgenutzten, aber „fortgeworfenen" Textilien denkt) ist ein ebenso notwendiges wie dankbares Feld unserer zukünftigen Tätigkeit.

4. Herr Lauter machte uns vor wenigen Tagen in einer Arbeitsgruppensitzung u. a. darauf aufmerksam, es sei doch wohl nicht von der Hand zu weisen, daß die milden Winter der letzten 5 Jahre einen nicht abzuleugnenden Einfluß auf die Wachstumsrate unserer Volkswirtschaft gehabt hätten. Es wäre müßig, an dieser Stelle Rechnungen aufzumachen und darüber zu streiten, wie hoch dieser Faktor angesetzt werden müßte. Ich frage mich aber (und das bewegte offen-

sichtlich auch Herrn Lauter), ob wir im Fünfjahrplan 1976—1980 eine Variante bedacht haben, die zum mindesten Überlegungen enthält, was geschehen müßte, wenn eine Reihe sehr strenger Winter kommt. Oder wollen wir uns ausschließlich auf unsere Kunst im Improvisieren verlassen? Sind wir „stabsmäßig" auf diesen durchaus möglichen Fall vorbereitet?

Ich möchte diese Fragen nicht fortsetzen; aber ich halte es für unsere Pflicht, derartige Überlegungen in die Strategie unserer Forschung einzubeziehen, und wir sollten in der Akademie gemeinsam mit dem MHF und der Industrie damit noch 1976 beginnen.

FSC
www.fsc.org
MIX
Papier | Fördert gute Waldnutzung
FSC® C083411

Kolibri 360 GmbH
Ferdinand-Jühlke-Straße 7
99095 Erfurt, Deutschland
produktsicherheit@kolibri360.de